colección acción empresarial

MARKETING DIGITAL
QUE
FUNCIONA

Nacho Simalo
Prólogo de Juan Merodio
Epílogo de Elena Gómez del Pozuelo

MARKETING DIGITAL QUE FUNCIONA

MADRID   BARCELONA   BOGOTÁ
MÉXICO D.F.   MONTERREY   BUENOS AIRES
LONDRES   NUEVA YORK   SAN FRANCISCO   SHANGHÁI

Comité Editorial de la colección de Acción Empresarial: José Luis Álvarez, Ángel Cabrera, Salvador Carmona, Germán Castejón, Guillermo Cisneros, Marcelino Elosua, Juan Fernández-Armesto, José Ignacio Goirigolzarri, Luis Huete, María Josefa Peralta, Pilar López, Pedro Navarro, Pedro Nueno, Jaime Requeijo, Carlos Rodríguez Braun, Susana Rodríguez Vidarte y Santiago de Torres.

Colección Acción Empresarial de LID Editorial Empresarial, S.L.
Sopelana 22, 28023 Madrid, España - Tel. 913729003 - Fax 913728514
info@lideditorial.com - LIDEDITORIAL.COM

No está permitida la reproducción total o parcial de este libro, ni su tratamiento informático, ni la transmisión de ninguna forma o cualquier medio, ya sea electrónico, mecánico, por fotocopia, por registro u otros métodos, sin el permiso previo y por escrito de los titulares del *copyright*. Reservados todos los derechos, incluido el derecho de venta, alquiler, préstamo o cualquier otra forma de cesión del uso del ejemplar.

Editorial y patrocinadores respetan los textos íntegros de los autores, sin que ello suponga compartir lo expresado en ellos.

© Nacho Somalo 2017
© Juan Merodio 2017, del prólogo
© Elena Gómez del Pozuelo 2017, del epílogo
© LID Editorial Empresarial 2017, de esta edición

EAN-ISBN13: 9788416624751
Directora editorial: Jeanne Bracken
Editora de la colección: Nuria Coronado
Corrección: Araceli Hernández
Maquetación: produccioneditorial.com
Diseño de portada: Juan Ramón Batista
Impresión: Cofás, S.A.
Depósito legal: M-31825-2017

Impreso en España / *Printed in Spain*

Primera edición: diciembre de 2017

Te escuchamos. Escríbenos con tus sugerencias, dudas, errores que veas o lo que tú quieras. Te contestaremos, seguro: queremosleerteati@lideditorial.com

ÍNDICE

Prólogo de Juan Merodio 9

Agradecimientos 13

Primera Parte.
ESTRATEGIA Y PREPARACIÓN DEL PLAN DE MARKETING DIGITAL (PMD)

1. **La revolución digital en la comunicación comercial** 17
   1. Una revolución llamada internet 19
   2. Trascendencia de la aparición de internet en los negocios 20
   3. Características de la comunicación digital 22
   4. Las cuatro P del marketing y las cuatro P del marketing *online* 27

2. **El plan de marketing digital** 33
   1. Para qué sirve 36
   2. Qué debe contener 39
   3. Estructura 40

3. **Estrategia competitiva: análisis del entorno y propuesta de valor** 47
   1. Crear valor cubriendo necesidades 49
   2. Estrategia para competir 50
   3. Marca y posicionamiento 53
   4. Herramientas de análisis estratégico 54
   5. La *Unique Selling Proposition* (USP) o propuesta única de valor 60
   6. Cambios en la relaciones marca-consumidor 61

4. Objetivos de la comunicación *online* 65
   1. La estrategia como punto de partida: *branding* frente a *performance* 68
   2. Definición de la estrategia 73
   3. Objetivos SMART 76
5. **El público objetivo** 79
   1. Quién es el público objetivo 81
   2. Definición del público objetivo: cobertura y afinidad ... 84
   3. La segmentación 90
   4. El *buyer* persona 95

Segunda Parte.
DISEÑO Y PLANIFICACIÓN DE CAMPAÑAS

6. **Estrategia de comunicación** 101
   1. Detección de *insights* 103
   2. Posicionamiento 107
   3. Definición del mensaje: modelo AIDA 109
   4. La creatividad en el entorno digital 112
7. **Las herramientas del marketing digital** 115
   1. Tipos de medios y herramientas 117
   2. Principales herramientas del marketing digital 121
   3. Clasificación de las herramientas por medios 127
   4. Selección de las mejores herramientas 129
8. **El *funnel* de compra** 135
   1. Proceso de captación del cliente 137
   2. Adecuación de las herramientas a cada fase del proceso 140
   3. *Outbound* e *Inbound marketing* 143

Tercera Parte.
III.HERRAMIENTAS DEL MARKETING DIGITAL

9. **La web, eje de la comunicación *online*** 147
   1. Tipos de web 149
   2. Términos y fundamentos técnicos de una web 153
   3. Elementos de una web 158
   4. Gestión de la web: el CMS 160

10. Social Media 165
   1. Tipos de *Social Media* o medios sociales 167
   2. Herramientas de *Social Media*: SMO y *Social Ads* 169
   3. Los roles en *Social Media* 170
   4. Principales redes sociales 171
   5. Reputación *Online* Corporativa (ORM) 174

11. Buscadores 177
   1. El marketing en buscadores 179
   2. Posicionamiento natural *(Search Engine Optimization)* 181
   3. Publicidad pagada (SEM) 184
   4. Optimización de campañas SEM 193

12. Otras herramientas del marketing *online* 197
   1. *Email marketing* 199
   2. Afiliación 204
   3. *Display* 210
   4. Vídeo 216
   5. Marketing de contenidos 218

Cuarta Parte.
GESTIÓN DE CAMPAÑAS

13. Métricas de marketing digital y seguimiento de resultados 225
   1. Punto de partida en la medición 227
   2. Qué medir en marketing digital 229
   3. Principales métricas del marketing digital 231
   4. *Key Performance Indicators* (KPIs) 240
   5. Uso de las métricas 241
   6. El ROI como métrica de rentabilidad 244
   7. Elección de las métricas de seguimiento más adecuadas 246
   8. Conclusiones sobre medición de resultados 249

14. Confección del plan de marketing digital: poniendo todas las piezas en orden 251
   1. Plan táctico: bajando al detalle la planificación 254
   2. Ejemplo de plan táctico 256

3. Partes del plan de marketing digital 259
  4. Resumen del plan de marketing digital: resultados esperados 261
  5. Plan de marketing digital en continuidad de negocio 266
15. Ejecución y optimización de campañas 269
  1. El *dashboard* y la optimización de campañas 271
  2. La analítica web en el seguimiento de resultados 273
  3. Modelos de atribución 278
  4. Optimización a través de *test* 281

Conclusiones finales 289

Epílogo de Elena Gómez del Pozuelo 293

Notas 297

Bibliografía 301

PRÓLOGO

Marketing y digital son dos palabras que las empresas deben de ver como una sola. Y digo deben porque todavía son muchas las empresas que no acaban de confiar en el potencial de las nuevas herramientas digitales y su influencia en los resultados de un negocio. En muchos casos esta suspicacia viene por un conocimiento limitado de lo que pueda aportar a sus empresas o por experiencias poco satisfactorias del pasado las cuales pueden deberse a múltiples causas.

Pero la realidad de todo a nivel empresarial es que tienes que estar donde están tus clientes, y no te voy a decir el 100% de los sectores pero si el 99% de ellos sus clientes tienen algún punto de contacto digital, por lo que si no estás de la manera adecuada ahí, no te quepa la menor duda que estarás dejando escapar alguna oportunidad para tu negocio.

Sin embargo no se trata de estar por estar, de abrirse un perfil en una red social, de publicar aquello que estamos haciendo en nuestra empresa, sino que el primer paso debe ser crear una estrategia global digital para tu empresa alineada con tu estrategia de negocio. Y hablo de estrategia de negocio porque realmente las herramientas digitales tienen una fuerte repercusión en la cuenta de resultados tanto en positivo como en negativo en una empresa, en función de cómo las uses y cómo seas capaz de integrarlas dentro del *funnel* de compra de tus clientes.

En este apasionante libro uno de los grandes expertos del mundo digital, cómo es Nacho Somalo, profundiza tanto estratégica como tácticamente en este proceso de alineamiento digital entre tu empresa, tu cliente, tu potencial cliente y tu cliente del futuro.

Este proceso de alineamiento digital que todavía muchas empresas lo relacionan únicamente con redes sociales (las cuales obviamente son básicas), es importante verlo no solo como una estrategia que es competencia de los profesionales del marketing si no del propio directivo, gerente, empresario o máximo responsable del negocio.

Hay tres factores claves en el éxito y la sostenibilidad de una empresa: tienes que ser bueno, tienes que aparentarlo y tienes que comunicarlo, y en estas dos últimos puntos es donde el marketing digital puede ayudarte drásticamente a mejorar tus resultados de negocio sabiendo cómo alinear distintas herramientas cómo puede ser la web, para que no sea solo una carta de presentación de tu empresa sino que se convierte herramienta proactiva de generación de ventas, como los buscadores pueden poner tu producto justo delante del cliente adecuado en el momento en el que lo necesita, cómo puedes impulsar a un posible cliente a lo largo de tu *funnel* de ventas con los contenidos y con herramientas como email marketing como incrementar ventas y fidelización de actuales y potenciales clientes.

Por ello es importante que seas consciente que el marketing digital es una palanca que puede marcar un punto de inflexión en positivo a tu negocio, y no solo hoy sino de cara a ser más eficiente, efectivo, rentable y sostenible en el futuro, ya que esto no se trata de gustar o no gustar, querer o no querer estar, ni siquiera se trata de trabajar duro. Se trata de trabajar inteligentemente para que el mundo digital te puedo aportar esa inteligencia que otros canales no te aportan, basada en la obtención de datos clave e interpretación de los mismos para tomas de decisiones estratégicas empresariales mucho más acertadas, las cuales minimicen el riesgo de las distintas acciones inversiones que haces en tu negocio.

En resumen, si piensas en tu negocio como algo qué quieres que siga siendo rentable en los próximos años, no esperes ni un día más a empezar a devorar este libro para definir e implementar tu estrategia de marketing digital.

Y recuerda que en los nuevos negocios de hoy solo tendrás dos opciones, *disrupt or be disrupted* ¿En qué lado quieres estar? Solo depende de ti.

Juan Merodio,
Conferenciante y consejero internacional
en Marketing, Innovación y
Transformación Digital

AGRADECIMIENTOS

A todos los que me han ayudado a lo largo del tiempo a completar el conocimiento y experiencia que he tratado de recoger en esta obra.

A mi familia, a quien siempre le robo el mucho tiempo que lleva escribir un libro. He descubierto que cada día me gusta más escribir. Sin su apoyo sería imposible hacer lo que me gusta.

A Nuria, mi editora, que ha confiado en el proyecto y a LID Editorial que apuesta por ello.

Y sobre todo a ti, lector paciente que das sentido a todo. Espero que te guste y te sea útil.

PARTE 1

ESTRATEGIA Y PREPARACIÓN DEL PLAN DE MARKETING DIGITAL (PMD)

LA REVOLUCIÓN DIGITAL EN LA COMUNICACIÓN COMERCIAL

1

Empezamos este libro poniendo de manifiesto que, para poder preparar un plan de marketing digital (PMD) con éxito, necesitamos realizar una serie de trabajos y reflexiones previas que nos permitirán actuar con mayor probabilidad de éxito y sabiendo qué queremos lograr. Me atrevo incluso a decir que sin esta primera etapa con todas sus fases es casi imposible tener éxito. Vender algo es muy complicado, competimos duramente con otros muchos que quieren lo mismo: conquistar al consumidor para ser ellos quienes logren el objetivo. No basta con tener un buen producto. Esto es condición necesaria para tener éxito en el medio y largo plazo, pero no suficiente.

A lo largo de los capítulos en los que se estructura esta primera parte abordaremos cuestiones tan importantes como ¿cuáles son nuestros objetivos?, ¿por qué me comprarán a mí en vez de a mis competidores?, ¿quién es y cómo es ese potencial comprador? o ¿qué mensajes son los más adecuados para impactar y lograr nuestros objetivos?

1. Una revolución llamada internet

Cuando Tim Berners-Lee inventó la World Wide Web[1], sabía que estaba dando un gran paso en el terreno de las nuevas tecnologías y la comunicación pero seguro que no era consciente de hasta qué punto su idea iba a revolucionar nuestro día a día. En aquel momento, ya se había logrado que los ordenadores fueran capaces de comunicarse entre sí a través de una red de ámbito local, toda una hazaña si no fuera por el «pequeño» problema de que cada red era una isla incompatible con todas las demás. Y Berners-Lee terminó de apuntalar la enorme aportación de Vinton Cerf a quien se atribuye el desarrollo del protocolo de comunicación TCP/IP que permitió la conectividad universal de las redes bajo un protocolo común.

El gran avance de Berners-Lee sumado al de Cerf consistía en que, gracias a su sencillo protocolo de comunicación, los ordenadores de diferentes redes podían empezar a comunicarse entre ellos y, a través de un sistema de enlaces, cualquier contenido podía ser accesible desde cualquier punto de la red. El concepto era muy simple —como en casi todos los grandes inventos—, y se trataba de generar documentos independientes que se conectaban unos con otros a través de hipertexto (HTTP) o enlaces. De este modo, si se unificaba el modo de construir los enlaces y las páginas en un lenguaje que un programa común (navegador) pudiera entender, los archivos podrían encontrarse fácilmente y ser presentados al usuario con independencia del punto de la red por el que este se conectara. Además, a través de un intuitivo sistema (URL)[2], cualquier documento podría ser fácilmente catalogado para ser después localizado por nuevos usuarios que también tendrían acceso al mismo desde cualquier otro lugar ¡Sencillo y genial!

Dudo que Sir Tim —desde 1997 lleva este título de la Orden del Imperio Británico— pudiese imaginar en aquel momento la increíble trascendencia que este invento podría llegar a tener en todos los aspectos de la actividad humana, incluida desde luego la comunicación comercial. Al igual que otros grandes avances técnicos, como en su día fueron la rueda, la imprenta o la máquina de vapor, la red de redes ha generado profundas transformaciones en el modo en que los seres humanos nos relacionamos en todos los ámbitos de nuestra vida. Y lo seguirá haciendo.

2. Trascendencia de la aparición de internet en los negocios

Con franqueza, hoy en día no es necesaria mucha justificación para hablar de lo relevante que es internet en la actividad social, política y por supuesto económica. La mayoría de nosotros ha cambiado de forma sustancial sus hábitos, su modo de tomar decisiones y su manera de comprar por culpa, o gracias, a estas nuevas tecnologías relacionales. Todos los estudios muestran cómo la tendencia sigue creciendo en casi todos los segmentos sociales y las cifras ya casi aburren por «predecibles». Esto crece y seguirá creciendo durante muchos años. Nadie lo pone en cuestión ya.

La aplicación diaria de todas estas herramientas de comunicación digital están provocando en los agentes económicos: mercados, consumidores y empresas impactos muy potentes. Algunos positivos, otros de incertidumbre y a su vez también con grandes perdedores.

Internet ha favorecido la comunicación entre personas permitiendo superar la importante barrera que supone la distancia física. Por primera vez, se puede establecer una comunicación en tiempo real, completamente interactiva, masiva y barata entre dos agentes (persona-persona, persona-empresa o empresa-empresa) con independencia del lugar de planeta donde se encuentren, con la única condición de disponer de un ordenador con acceso a la red.

Los medios de comunicación convencionales presentan limitaciones. Los masivos permiten superar las barreras físicas en la comunicación en tiempo real, de forma masiva y barata pero no interactiva. En el caso del teléfono, este facilita la comunicación interpersonal interactiva pero si es masiva no es barata y si es barata no es masiva. Hasta la aparición de internet.

La interactividad de la comunicación masiva y barata en la red ha favorecido que las personas puedan encontrar y establecer vínculos estables con otras personas que comparten sus gustos e inquietudes aunque estas se encuentren a miles de kilómetros de distancia y, por lo tanto, que estas empiecen de nuevo a demandar productos y servicios «diferentes» al tiempo que empiezan a perder interés por los «grandes éxitos». Personas con gustos similares ayudan a otras a descubrir o encontrar canciones, películas, videojuegos, imágenes, lecturas... que también son de su interés pero no de consumo masivo en ese momento, razón por la que han sido «desterradas» de los lineales y las tiendas.

Adicionalmente, el desarrollo de las tecnologías de la información ha permitido digitalizar de forma «casera» y barata, aunque con excepcional calidad, los contenidos que dan sentido a este tipo de productos ocio-culturales. De este modo, cualquier consumidor puede ahora crear sus propios contenidos o bien «empaquetar» los de otros y distribuirlos a todo el que quiera prestar atención o consumirlos con independencia de la distancia física que exista entre ellos.

En los últimos años, contemplamos expectantes todo el impacto de la llamada economía colaborativa. *Startups* con escasos años de historia como AirBnB, Uber, Car2Go, BlaBlaCar o Instacart están poniendo patas arriba a industrias tan consolidadas y en apariencia tan poco digitales como el transporte, la hotelería o la alimentación. Todo indica que, una vez más, esta tendencia irá en aumento.

Los cambios mencionados se están poniendo de manifiesto en el modo en que las empresas compiten,y está provocando profundas alteraciones en modelos de negocio establecidos en mercados maduros donde están o, más bien estaban, sólidamente asentadas grandes e importantes corporaciones que gestionan miles de billones de dólares y de las que dependen millones de puestos de trabajo directos e indirectos en todo el mundo. Sectores como la música o el cine han visto cómo se han transformado en profundidad las reglas básicas de consumo de los productos que comercializan en muy poco tiempo, sin alcanzar todavía a imaginar totalmente hasta dónde llegará el ya imparable fenómeno que estamos viviendo.

Viendo cómo se están desarrollando los acontecimientos no cabe duda de que el futuro pasa necesariamente por la comunicación digital.

3. Características de la comunicación digital

El desarrollo de la tecnología de la información basado en el protocolo de enlace y comunicación WWW y TCP/IP, más conocido como internet, ha supuesto la irrupción en la vida cotidiana de una nueva forma de comunicarse, de relacionarse y, por tanto, de organizar toda la actividad humana desde la puramente lúdica hasta la sociológica y política. Estos cambios apenas estamos empezando a descubrirlos. Uno de los ámbitos de la actividad humana donde más rápidamente se implantan todos los cambios técnicos relevantes es el sector comercial. Los emprendedores y las empresas enseguida aprenden a sacar provecho de nuevas oportunidades antes inexistentes. En este caso, el campo del marketing y la comunicación comercial se han visto fuertemente sacudidos por esta nueva forma de hacer llegar nuestros mensajes, ofertas y de dar a conocer nuevos productos y servicios a los consumidores.

Pero, ¿qué características tiene este medio que lo hace tan revolucionario? Si hacemos un breve repaso de los principales medios de comunicación vemos que cada avance técnico relevante ha supuesto la posibilidad de añadir valor a la comunicación haciéndola más rica y potente.

Cuadro 1.1 Avances en la comunicación según el soporte tecnológico

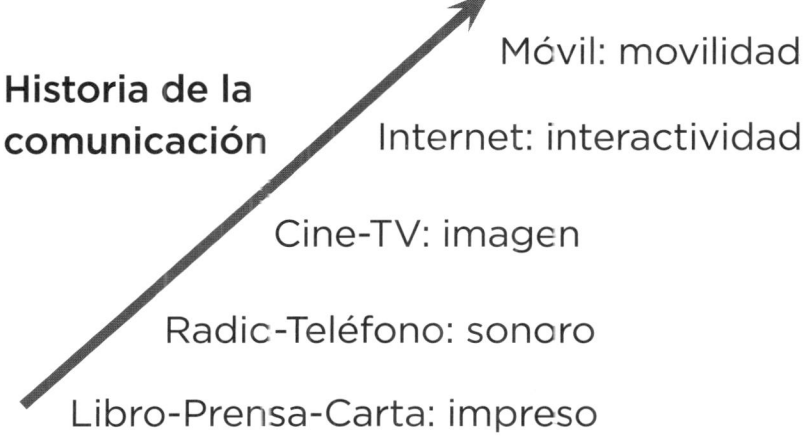

Según el gráfico anterior, internet supone un avance muy relevante ya que añade, a lo que ya podían ofrecer el resto de medios, la posibilidad de hacer una comunicación interactiva al tiempo que masiva y barata, algo antes imposible.

Este nuevo escenario nos brinda, sin duda, nuevas oportunidades pero también nos crea nuevas incertidumbres y nos obliga a plantearnos nuevas cuestiones. Todo demasiado nuevo... Así, surgen preguntas en los gestores de marketing de las empresas que antes no existían como:

- ¿Qué papel debe jugar el nuevo medio dentro de mi plan de comunicación?
- ¿Cómo puedo aprovechar las ventajas diferenciales que me ofrece para hacer llegar mi mensaje a los consumidores?
- ¿Lo gestiono con las mismas personas/agencia o necesito nuevos perfiles profesionales?
- ¿Se debe guiar, gestionar y medir por los mismos criterios?
- Y, sobre todo, ¿seré capaz de gestionarlo sacando el máximo partido y sin meter la pata de manera estrepitosa?

Todo cambio relevante provoca este tipo de reacciones de un modo más o menos consciente. Desde luego, existen nuevas oportunidades y quizá serán importantes en el medio y largo plazo pero... ¿y en el corto plazo? Por otro lado, también aparecen riesgos inexistentes con anterioridad. ¿Merece la pena el riesgo? ¿Qué gano y cuánto puedo perder?

Cada persona es diferente y según la respuesta a estas preguntas, actuará. La posición final dependerá básicamente de la visión del plazo, más o menos corto, de cuánto se esté dispuesto a perder, de la aversión personal al riesgo y del interés individual, intelectual y profesional por explorar nuevas posibilidades.

Internet se diferencia de un medio de comunicación tradicional en los siguientes aspectos:

1. **Es interactivo**. Sin duda es la principal diferencia. Es el primer medio que permite establecer comunicación en tiempo real de manera automática, masiva y barata entre quien emite el mensaje y quien lo recibe. Se trata de una auténtica conversación.

2. **Se pueden realizar transacciones económicas** dentro del medio como consecuencia de lo anterior. Por primera vez podemos establecer una comunicación comercial y cerrar la transacción sin salir de él. Esto solo es posible porque el cliente puede confirmar la transacción y facilitar una forma de pago, tareas irrealizables en los medios convencionales.

3. **Permite personalizar el contenido** de manera automática y, por tanto, también barata. Ahora podemos construir un mensaje diferenciado para cada cliente en función de sus características c historial, a través de campañas a la vez masivas pero que diferencian al receptor.

4. **Los resultados se pueden medir con exactitud**. Si bien es cierto que disponemos de sistemas de medición de resultados en medios convencionales, ¿quién puede decir que son precisos? En internet podemos cuantificar con gran exactitud todos los pasos de la comunicación. Por supuesto, cuántos ven nuestro anuncio, pero también:

    - En cuántos usuarios generamos un interés suficiente para querer dedicar más atención (clics sobre el anuncio y visitas a nuestra web).

    - Cuántos llegan a darnos sus datos y autorización para que les ampliemos información o les remitamos notas comerciales en el futuro.

    - Cuántos en ese mismo momento deciden finalizar la transacción.

    - Qué importe se gastan.

    - Incluso el margen de beneficio que generan.

Y todo en tiempo real. También aporta: **importantes novedades en el terreno operativo.**

- Las creatividades y campañas en general tienen **menores costes de producción**[3].

- Como consecuencia de lo anterior y de la capacidad de medir resultados en tiempo real se **incrementa de forma sensible la capacidad para reaccionar** y **optimizar los resultados** con gran velocidad. Se pueden probar diferentes posibilidades y apostar por la opción que mejores resultados ofrezca.

- En definitiva, es un medio **mucho más flexible**.

Hasta ahora solo hemos destacado aspectos positivos pero también existen algunos que no lo son tanto.

- Todavía **no se ha alcanzado la cobertura de otros medios.** Aunque esta afirmación ya no es cierta en muchos países y grupos de población, a nivel global, y en especial en ciertos segmentos sociales y culturales, la penetración del nuevo medio no ha llegado a ganar a la de la televisión. Pero es cuestión de tiempo que esto ya no sea así...

- Como consecuencia lógica de sus nuevas y potentes posibilidades, es un medio **mucho más complejo** de gestionar, sacar partido de sus oportunidades y de optimizar de forma conveniente. Por ejemplo, si hablamos de las opciones que nos ofrece la televisión para comunicar mensajes comerciales casi podríamos hablar solo de dos: el anuncio y el *product placement*[4]. Internet es mucho más potente, pero también más complejo.

- **Las tarifas aún no se han estandarizado** suficientemente. Tampoco las posibilidades, los interlocutores y los papeles de apoyo por parte de terceros. En el mundo de la comunicación convencional todos sabemos qué nos puede ofrecer una agencia, una central de compra, un *freelance* o el departamento comercial de un medio. Pero, ¿qué sucede en internet?, ¿quién es el más adecuado para ayudarme en cada caso y fase del proceso?

La brusca irrupción de las telecomunicaciones y de las nuevas tecnologías de la información basadas en los protocolos WWW y TCP/IP está cambiando de forma significativa muchos ámbitos de la actividad humana. Entre otros, destaca la comunicación comercial. El marketing en internet está experimentando un fuerte auge, producto de la rápida penetración del medio en la sociedad pero, quizá, lo mejor está por llegar.

A modo de resumen, las principales características que hacen diferente a este medio y que están detrás de su fulgurante éxito son: que es interactivo a la vez que automático y masivo y, por tanto, barato; que es transaccional, personalizable, permite una medición muy precisa de los resultados, requiere menores recursos de producción y es más flexible.

Pero también hay aspectos negativos a tener en cuenta como son la falta de cobertura universal, una mayor complejidad y la falta de estandarización.

4. Las cuatro P del marketing y las cuatro P del marketing *online*

Se considera a Philip Kotler como el padre del marketing como disciplina económica. No es que antes de Kotler no se estudiase cómo vender y conquistar mercados pero es este conocidísimo profesor de la Kellogg School of Management el que convierte el marketing en ciencia y pasa a estar en el *top* de las decisiones empresariales dándole el protagonismo que le corresponde:

> «La mercadotecnia es un proceso social y administrativo mediante el cual grupos e individuos obtienen lo que necesitan y desean a través de generar, ofrecer e intercambiar productos de valor con sus iguales».

Philip Kotler.

Sin embargo, no fue este autor quien definió las famosas cuatro P del marketing sino Jerome McCarthy en 1960, antes de que Kotler alcanzase el reconocimiento mundial. Las cuatro P representan las grandes preguntas que deben ser resueltas a través del marketing:

- **Producto.** ¿Qué características debe tener para satisfacer las necesidades del cliente? El producto será lo que ofrecemos al cliente a cambio de su dinero (o atención) que crea valor satisfaciendo una o varias necesidades. Es, sin duda, la primera «P» porque sin producto no hay nada más que hablar.

- **Precio.** ¿Qué pedimos a cambio para entregar el producto al cliente? Lo normal es que sea dinero. En el proceso de creación de valor para el cliente que supone consumir un producto, el precio es la parte negativa de la ecuación. De lo que me tengo que desprender (y me encantaría poder mantener) a cambio de poder satisfacer mi necesidad consumiendo el producto ofrecido.

- **Punto de venta** *(Place)*. Para que sigan siendo 4P también en español) o con más frecuencia como canal. En definitiva, los medios por los cuales el consumidor puede adquirir el producto. ¿Dónde buscarán los clientes el producto?, ¿dónde les aporta valor adquirirlo?

Esta es una de las grandes aportaciones del marketing. Un mismo producto puede tener un valor diferente si es vendido a través de un canal u otro. Es decir, que los canales no son neutrales en la generación de valor y que la correcta elección de los canales de distribución se convierte en un factor fundamental para el éxito de la estrategia de conquista de los mercados. Un ejemplo podría ser la venta de leche maternizada. El producto no tiene el mismo valor en el canal farmacias que en el canal grandes superficies. Esto tiene que ver con la percepción de calidad y control que lleva implícito comprar en una farmacia.

- **Promoción.** ¿Cómo puedo conseguir que mis potenciales clientes se enteren de que existe mi producto y lo interesante que es para ellos? ¿Dónde y cuándo debo comunicar los mensajes dirigidos a mi público objetivo? La promoción incluye muchos aspectos, aunque sin duda la publicidad es el más relevante. En muchos casos incluso se confunde marketing con publicidad. La promoción me permitirá conseguir mis objetivos siempre que haya resuelto bien todos los puntos anteriores: que el producto sea adecuado (cree valor satisfaciendo necesidades), que el precio sea adecuado (a nadie le gusta pagar y siempre preferirá pagar menos por lo mismo) y que los canales de distribución permitan hacer accesible el producto al cliente en el contexto adecuado.

Estas cuatro P deben ser siempre consideradas cuando hablamos de marketing y también cuando se trata de marketing digital. Sin embargo, la visión del marketing moderna, a través de la economía digital, ha cambiado el enfoque de los modelos de relación que deben tener las marcas y las empresas con sus consumidores y clientes. Lo primero que se echa de menos de forma importante en las cuatro P tradicionales son las personas.

Para el marketing tradicional, asociado a la venta de productos de gran consumo, las personas no son relevantes en la medida en que las encuadramos en «segmentos» de público objetivo, consumidores en definitiva. Me interesan de modo colectivo pero no individual. La nueva visión del mundo que nos han traído las tecnologías de la comunicación interactivas, exige un modo de ver la situación por completo diferente. No es que el anterior no valga, sino que se queda muy corto. Se habla entonces de las 4P del marketing digital. Un intento un tanto forzado de reflejar que las de siempre ya no son suficientes y que las nuevas tecnologías nos permiten hacer cosas antes inviables. No hay unanimidad en cuanto a cuáles son las 4P digitales pero las siguientes son las más nombradas.

- **Personalización**: diseñar mensajes personalizados a través de medios digitales masivos. Las personas reciben mensajes diferentes según sus gustos o situación sin tener que hacer un esfuerzo en cada caso.

- **Participación**: el consumidor deja de ser un objeto pasivo del proceso que observa y decide sin participar. Las nuevas tecnologías le permiten asumir mayor protagonismo y su opinión es tenida muy en cuenta. Un claro ejemplo de esto son los influidores o *influencers*. Los *youtubers* y blogueros que generan contenido relevante para el resto de los usuarios.

- **Peer to peer:** las personas valoran más las opiniones de la gente que conoce que la publicidad. Un extraordinario ejemplo es la influencia que los comentarios en TripAdvisor ejercen en las decisiones de los viajeros a la hora de elegir hotel o restaurante.

- **Predicciones modeladas**: la gran cantidad de información que tenemos disponible en los medios digitales unida a la enorme capacidad de medir en tiempo real los resultados provoca una forma diferente de trabajar en el ámbito digital con respecto al tradicional. En el digital, tratamos de modelar y predecir los resultados esperados, lo que nos permitirá actuar de un modo diferente durante la ejecución de las campañas.

Otro intento menos forzado que el anterior de dar continuidad al modelo de las 4P en el entorno digital es el modelo de las 4Cs.

- **Cliente en sustitución del producto**: sin duda el gran olvidado de las 4P tradicionales.

- **Costo en sustitución de precio**: en muchos casos el precio no es una barrera en un mercado donde los productos compiten siendo gratuitos. Existe un enorme coste de oportunidad dedicar tu tiempo a un producto u otro. Por ejemplo, los diarios *online,* que son gratuitos en su inmensa mayoría, o las redes sociales.

- **Comunicación en sustitución de promoción:** abarca aspectos mucho más ricos que la publicidad y la promoción. Por ejemplo, contamos en marketing digital con los llamamos medios ganados, medios que no nos son propios y que no tienen un coste publicitario (porque no están a la venta) pero que nos pueden ayudar en la difusión y reputación de nuestros productos. Algunos ejemplos podrían ser el posicionamiento en buscadores (SEO[3]), los comentarios de otros clientes en Tripadvisor, Amazon o los comentarios de otras personas en redes sociales.

- **Conveniencia en lugar de canal**: ya que el cliente no se verá necesariamente obligado a tener que elegir canal. Todos los canales se pueden combinar a conveniencia del consumidor para hacer de la compra y en general de la relación entre el comprador y el vendedor una experiencia lo más satisfactoria y cómoda posible.

Personalmente, me gusta mucho más esta clasificación de 4Cs que las forzadas 4P del marketing digital. En todo caso, creo que siguen siendo intentos forzados de enmendar una regla que sin duda ha quedado obsoleta. Quizá las 4P del marketing deberían ser ahora 5P, incluyendo en la primera a las personas que son en definitiva el eje de las 4P y 4Cs digitales comentadas. Estas personas de las que McCarthy se olvidó (por irrelevantes en ese momento) pero que ahora deben ser tenidas en cuenta.

Por otro lado, echo en falta en estas clasificaciones digitales el producto. Algo de lo que el marketing no puede prescindir. El binomio producto-persona es desde mi punto de vista el eje vertebrador que debe guiar e inspirar cualquier estrategia de marketing del siglo XXI.

EL PLAN DE MARKETING DIGITAL

2

La verdad es que no es sencillo definir qué es un plan de marketing digital (PMD), la experiencia muestra que casi hay tantas formas de entenderlo y realizarlo como personas que hablan de ello. Es como la receta de un gazpacho[1]. ¿Alguien ha visto dos iguales?

Tanto es así que hasta el momento nadie se ha atrevido a definir este concepto en la Wikipedia. Si partimos de «su hermano mayor», el plan de marketing (PM), sí podemos encontrar definiciones y algo más de estandarización. Para Philip Kotler, considerado padre del marketing moderno, es un:

> **«Documento escrito que resume lo que el especialista de marketing ha aprendido sobre el mercado, que indica cómo la empresa pretende alcanzar sus objetivos de marketing y que facilita, dirige y coordina los esfuerzos de marketing[2]».**

Este plan se puede dividir en dos fases:

- **Plan estratégico:** analiza desde un punto de vista general los porqués de nuestro futuro éxito. Quién nos comprará, a qué precio, cuáles serán los motivos, cuáles los argumentos… Se apoya, por tanto, en el análisis de los potenciales clientes y de la competencia. De sus necesidades y aspiraciones. De sus recursos y posibilidades. Determinando, en líneas generales, cómo vamos a satisfacer a los futuros clientes y cómo lo haremos mejor que el resto que pelea por el mismo objetivo. En definitiva, cómo vamos a crear valor para quien nos compre y para nosotros mismos.

- **Plan táctico:** es, en cambio, un plan específico que trata de bajar a la tierra de un modo concreto el cómo. Cómo vamos a encontrar a nuestros potenciales clientes, cómo se lo vamos a contar o cómo lo vamos a medir. «Es una gestión voluntarista de conquista de los mercados existentes[3]». En este caso, tenemos que especificar acciones concretas.

Si todo esto lo llevamos al ámbito digital, creo que ya lo tenemos. Lo podríamos definir como:

> «el conjunto de análisis, reflexiones, plan de acción y medición que nos ayuda a determinar nuestra propuesta de valor en el ecosistema digital, a quién vamos a vender y cómo vamos a batir a la competencia esperando conseguir unos resultados concretos en términos de ventas y rentabilidad».

Con franqueza, desde un punto de vista conceptual no se encuentra diferencia con el plan de marketing. Tan solo se trata, o debe tratarse, de la parte del plan de marketing general que especifica qué vamos a hacer para competir con éxito y lograr nuestros resultados en el territorio digital. Estoy convencido de que en el futuro no se diferenciarán y el PMD pasará a ser parte del PM. Hoy por hoy, todavía en muchas empresas y organizaciones se diferencia y, cuando existe, constituye una parte relevante del plan global. Si no es por lo cuantitativo, lo es por lo cualitativo.

Desde este punto de vista, tiene mucho sentido entender cómo las particularidades del ecosistema digital y las herramientas que este nos brinda para contactar y comunicar a nuestros potenciales clientes nuestra oferta deben ser coordinadas para lograr el resultado esperado. De este modo, sí tiene todo el sentido seguir hablando de PMD.

1. Para qué sirve

Hace poco se ha puesto en cuestión todo lo que tiene que ver con planificar en el entorno digital. Teorías como *Lean Startup*[4] cuestiona, con gran parte de razón, que las herramientas tradicionales de planificación como el plan de negocio o el plan de marketing, no son eficaces en entornos de alta incertidumbre como el digital. En realidad, Eric Ries se refiere más a *startups* disruptivas e innovadoras pero, en todo caso, es conveniente hacer una reflexión sobre la utilidad y limitaciones de este tipo de herramientas de gestión.

Donde hay mucho de cierto es en la teoría que ampara la metodología *Lean Startup* que en entornos tan dinámicos y cambiantes, sometidos a alta incertidumbre, como es el ecosistema digital, las planificaciones difícilmente aciertan en sus previsiones y, desde ese punto de vista, son sin duda esfuerzos baldíos. En mi experiencia, nunca he visto un plan de negocio o un PMD que se cumpla.

Por otro lado, un PMD es utilizado habitualmente como herramienta de control de gestión y guía para que los responsables de ejecutar la estrategia sepan lo que se pueden gastar y lo que no y en qué tipo de acciones. Es decir, una vez hecho, marca un camino que se debe seguir sin cuestionarlo. Esta forma de actuar se ha demostrado ineficaz en el entorno digital debido a los grandes cambios y fuerte volatilidad que envuelve a todo lo digital.

Como conclusión, podemos afirmar que el PMD no es una buena herramienta de planificación ni de control de gestión eficaz para guiar la labor de los equipos de marketing digital. Sin embargo, esto no invalida la enorme utilidad que puede aportar la elaboración de un PMD en otros aspectos como son:

- Reflexión y profundización sobre cómo vamos a ser capaces de conseguir los resultados esperados con el dinero que tenemos previsto gastarnos. El propio acto de hacer el PMD te obliga a investigar, reflexionar y profundizar sobre las posibilidades reales de lograr lo que se espera con el presupuesto previsto.

- Repositorio de hipótesis. Cuando hacemos un plan que implica mirar al futuro es imposible saber qué va a suceder. Sin embargo, debemos tratar de averiguar si lo que planteamos tiene verosimilitud y para ello se requiere hacer estimaciones e hipótesis. Una hipótesis o estimación es, por definición, incierta. En algunas ocasiones se dispone de más información para estimar y en otras bastante menos. En todos los casos tenemos que hacer el trabajo de aproximarnos lo más posible a la realidad con lo que hemos podido averiguar o sabemos por experiencia.

Tener un PMD nos ayudará a tener un repositorio de todas esas estimaciones e hipótesis que hemos hecho de las cuáles dependerá el éxito o fracaso de nuestro plan. Es una forma de examinar la credibilidad del mismo.

- Si bien no es una buena herramienta de control de gestión, es sin duda un gran apoyo para optimizar los resultados. Sabemos que la mayoría de las estimaciones fallan (al alza o a la baja) en la cruda realidad pero, a partir del comportamiento real, podremos analizar desviaciones con respecto a lo esperado, tomar decisiones que permitan reenfocar el camino y optimizar nuestros esfuerzos. Nadie acierta a la primera, tener un PMD digital te ayuda a saber cómo tienes que reorientar las acciones para tratar de compensar desviaciones y, en definitiva, optimizar tus esfuerzos e inversiones.

- En caso de hacer un plan de negocio, que más allá de su utilidad como herramienta de gestión puede resultar conveniente por motivos similares a los expuestos e imprescindible para buscar financiación. Si el negocio tiene un fuerte componente digital, tendrá que tener un PMD.

El PMD será lo que permitirá conectar las inversiones y acciones previstas en marketing con los resultados esperados en términos de negocio (ventas, *leads*, visitas). Por desgracia es muy habitual encontrar planes de negocio que fijan una inversión en marketing y unos objetivos de negocio sin explicar cómo esos recursos permiten obtener esos objetivos. De tal modo que es por todos conocido que el mejor modo de cuadrar un plan de negocio que no sale bonito es rebajando el marketing y aumentando ingresos.¿Tiene eso algún sentido?

Teniendo en cuenta que un PMD nunca podrá ser usado como una herramienta de previsión en la medida en que las acciones que contempla y las hipótesis y estimaciones en que se basa son imposibles de prever con exactitud, hemos visto que el PMD puede ser un ejercicio enormemente útil que ayuda a los emprendedores y gestores a hacer mejor su trabajo.

La falta de exactitud inherente a un PMD no es excusa para no hacerlo. Estamos de acuerdo en que un PMD nunca podrá garantizarme con exactitud que mi plan vaya a funcionar (conseguir los resultados esperados con los recursos previstos). Esto se debe como hemos visto a la imposibilidad de prever el futuro, en especial en entornos digitales donde la incertidumbre y el cambio es constante. Sin embargo, un PMD sí me puede llegar a decir que es inviable conseguir los objetivos previstos con los recursos estimados. Cuando las hipótesis necesarias para que cuadren ambas cosas son tan optimistas que no son creíbles, hacer un PMD me ayudará a darme cuenta de que el camino es otro, o bien que simplemente un negocio que tenía muy buena pinta no es viable. Saber esto antes de empezar es útil, ¿verdad?

2. Qué debe contener

Como hemos comentado, no se puede decir que haya mucho consenso en torno a cómo debe ser un PMD y qué debe contener, mucho menos en qué orden. Existen tantos modelos de plan como personas o empresas que los realizan.

Esto tiene su lógica porque el PMD debe ser una herramienta al servicio de quien la usa y es lógico, por tanto, que la adapte a su criterio, gustos y necesidades. En todo caso, un plan bien realizado debe dar respuesta, de un modo u otro, a una serie de preguntas. Las más relevantes son estas diez:

1. ¿En qué consiste mi negocio? ¿Cómo va a generar ingresos y ganar dinero?

2. ¿Qué espero lograr? ¿En qué plazo?

3. ¿Cuánto estoy dispuesto a invertir? (dinero y tiempo)

4. ¿Quiénes van a ser mis clientes?

5. ¿Por qué me van a comprar?

6. ¿Por qué me van a prestar atención?

7. ¿Cuáles con las mejores herramientas para contarles mi mensaje?

8. ¿Cuál es el mejor modo de usarlas? ¿Qué voy a hacer en concreto?

9. ¿Cómo podré saber si estoy logrando lo que espero?

10. ¿Cómo puedo optimizar mis esfuerzos si me estoy desviando o las cosas no están saliendo como pensaba?

3. Estructura

Según lo visto en el capítulo anterior, no queremos establecer en este momento un modelo que pretenda ser ni una referencia, ni un compendio. Con franqueza, nos parece más acertado dar una lista de los puntos que de un modo u otro o en un orden u otro deben ser necesariamente tratados. Desde ese punto de vista, un PMD debe incluir al menos la siguiente información, análisis, reflexiones y estimaciones:

- Descripción del negocio incluyendo el modelo de negocio. Da respuesta a la primera pregunta: ¿en qué consiste mi negocio? ¿Cómo va a generar ingresos y ganar dinero? En este punto debemos describir las características principales de la actividad que vamos a realizar, el producto a ofrecer (físico o servicio) y el modelo de negocio con el cual lo vamos a explotar. Este capítulo debe incluir un análisis interno de debilidades y fortalezas. Esta parte ayudará también a responder la quinta pregunta.

- Análisis del entorno. En especial de la competencia. Al igual que el punto anterior, este análisis es necesario para dar respuesta a la quinta pregunta: ¿por qué me van a comprar a mí? Debemos explicar las características del entorno social, económico, político y regulatorio que condicionen o puedan condicionar la actividad. Sobre todo, debemos prestar atención a la competencia, identificarla y hacer un análisis comparativo objetivo que permita entender cómo vamos a competir.

Como consecuencia de este análisis del entorno externo, se deben identificar oportunidades y amenazas.

- Propuesta de valor (USP). Este punto recoge todo lo investigado y analizado en los puntos anteriores. Da respuesta a la quinta pregunta: ¿por qué me van a comprar? Se puede empezar con un análisis DAFO (Debilidades, Amenazas, Fortalezas y Oportunidades), que es un resumen de los puntos anteriores.

  Como consecuencia, se debe definir la *Unique Selling Proposition* (USP) o propuesta única de valor que describe aquello que nos hace únicos y preferibles a los competidores de cara a ser elegidos por los consumidores para satisfacer sus necesidades.

  Este punto es fundamental porque se trata de la piedra angular sobre la que se tendrá que sostener el resto del plan. En definitiva da respuesta a la pregunta más importante de todas: ¿por qué los clientes preferirán gastarse su dinero (o tiempo) en nuestro producto/servicio en vez de en otras posibles alternativas?

- Objetivos. Definimos lo que queremos lograr. Se trata de una definición que debe partir de los objetivos estratégicos pero, al tratarse de un PMD no puede quedarse solo en ese ámbito. Debe bajar al detalle de establecer objetivos cuantitativos concretos. Da respuesta a la segunda pregunta: ¿qué espero lograr? ¿En qué plazo?

- Público objetivo. En este punto establecemos quién es el cliente. A quién aportamos valor satisfaciendo sus necesidades mejor que la competencia. Se trata de identificar el perfil del cliente que más probablemente nos comprará. Da respuesta a la pregunta cuarta: ¿quiénes van a ser mis clientes?

- *Insights* y estrategia de comunicación. Responde a la pregunta sexta: ¿por qué me van a prestar atención? Parto de la base de que los potenciales clientes (público objetivo) no nos conocen o no entienden nuestra USP. Por tanto, ¿por qué motivo perder su valioso tiempo prestándonos atención?

  Descubrir sus necesidades y anhelos nos ayudará a establecer una estrategia de comunicación que nos permita crear mensajes atractivos y formatos que resulten interesantes y valiosos para captar la atención y poder realizar la venta finalmente. Recuerda que en este punto, no es importante si somos buenos o no, lo que importa es el conocimiento y percepción que el potencial consumidor tiene de nosotros y de nuestro producto.

- Determinar presupuesto. Respondemos a la pregunta tercera decidiendo cuánto estamos dispuestos a arriesgar o comprometer. ¿Cuánto estoy dispuesto a gastar? Nos referimos a cualquier tipo de recurso que deba ser comprometido. Lo obvio es dinero pero también hay que considerar el tiempo de las personas que dedicarán todo o parte de su esfuerzo a lograr estos objetivos.

- Selección de herramientas. Con todo lo anterior ya estamos en condiciones de seleccionar cuáles de las herramientas del marketing digital son las más adecuadas para lograr nuestros objetivos trasladando nuestro mensaje (que debe recoger la USP) a nuestros potenciales clientes (público objetivo) en los medios y momentos en que estos están más receptivos a nuestros mensajes y a través de los formatos y canales más eficaces y eficientes.

  No todos los canales, formatos y herramientas son igualmente efectivos y tienen, todos ellos, características diferentes que los hacen más o menos adecuados para según qué circunstancias, mensajes, *targets* (público objetivo) u objetivos. De igual forma su coste es muy diferente e, incluso, el modo en que se contratan y se retribuyen no es neutral. Esto hace que, en cada caso, unas herramientas u otras puedan ser más eficientes que otras. Respondemos de este modo a la pregunta séptima: ¿cuáles son las mejores herramientas para lograr mis objetivos?

- Plan de acción o plan táctico. Seleccionadas las herramientas más adecuadas nos toca explicar con exactitud qué vamos a hacer y cómo vamos a emplear cada una de esas posibilidades. Damos respuesta a la pregunta octava: ¿cuál es el mejor modo de usar las herramientas seleccionadas?

  Describimos con detalle los formatos, momentos, canales y cantidades invertidas que pensamos emplear en cada acción que constituirá nuestro PMD. Esta parte requiere especial dedicación y da bastante trabajo porque es necesario explicar bien por qué proponemos esa acción en lugar de las muchas otras posibles que se podrían hacer.

En este punto hay que definir también lo que se espera lograr de cada acción de modo que tenemos que cuadrar los recursos invertidos con los objetivos esperados de un modo creíble y factible. Debemos realizar estimaciones de lo que de forma razonable podemos esperar de cada acción.

- Medición y atribución. La medición nos ayuda a determinar qué estamos logrando y qué coste; la atribución nos ayuda a asignar a cada medio o acción el porcentaje de contribución al éxito final que ha tenido cada acción y el coste correcto que realmente tiene cada uno. Damos respuesta a la pregunta novena: ¿cómo saber si estoy logrando lo que espero? El punto anterior me ayuda a entender si es posible conseguir los objetivos previstos con los recursos destinados pero lo hace partiendo de estimaciones que se podrán cumplir o no.

  El marketing digital nos ofrece muchas maneras de medir nuestro rendimiento, costes y resultados. Debemos seleccionar aquellas métricas que mejor se adecuen para ver si estamos en el camino de cumplir lo que planificamos. A estas métricas seleccionadas para su especial seguimiento porque las consideramos claves en el camino del éxito, se las denomina *Key Performance Indicators*[5] (KPIs). El conjunto de KPIs seleccionados los incluiremos en un panel de control o *dashboard* que será nuestra guía durante el proceso de ejecución para la toma de decisiones.

- Optimización. Da respuesta a la pregunta final, la décima: ¿cómo puedo optimizar mis esfuerzos en caso de que me esté equivocando? Al fin y al cabo el PMD no deja de ser un plan basado en hipótesis y estimaciones que pueden estar equivocadas. Más aún, la experiencia demuestra que casi todos los planes están equivocados en la mayoría de sus suposiciones. Es lógico, ¿quién puede prever el futuro? Más en un entorno dinámico y cargado de incertidumbre.

  El *dashboard* nos ayudará a identificar nuestros errores y nos mostrará el camino, lo que debemos cambiar y optimizar para lograr finalmente los objetivos. Casi siempre por un camino diferente al esperado.

La optimización supone trabajar en cuatro líneas:

1. Cambiar: aquello que no está funcionando como esperábamos pero pensamos que sí debería funcionar. Puede ser un formato, un precio, una creatividad, un detalle lo que haga invertir o matizar favorablemente los resultados. Debemos probarlo y seguir midiendo.

2. Eliminar: aquellas acciones que, o bien porque sus resultados son muy pobres, o bien porque ya hemos probado a cambiar sin éxito, estamos viendo que no nos permitirán alcanzar los objetivos previstos.

3. Potenciar: aquellos canales y acciones concretas que están teniendo buen resultado, incluso mejor de lo previsto, y nos ofrecen todavía potencial de crecimiento.

4. Probar: nuevas acciones, formatos y herramientas que no teníamos previstas por ser nuevas y las desconocíamos cuando

hicimos el plan, o bien porque han cambiado circunstancias que nos hacen pensar que ahora pueden ayudarnos a conseguir lo previsto.

Los puntos aquí descritos no son la única forma de plantear un PMD, no deber seguir necesariamente el orden propuesto. Sin embargo, esta es la estructura y el orden que proponemos porque permite ir apoyándose en cada paso anterior para que todo alcance la máxima coherencia posible y sea más sencillo explicárselo a un tercero. A otros gestores de la compañía (tu jefe por ejemplo), a los accionistas o a tu cliente si eres una agencia que trabajas para un tercero.

Cuando el PMD se integra en un plan de negocio o en un plan de marketing general, es posible que no sea necesario incluir alguno de los puntos iniciales por estar ya incluidos en otras partes del documento del que forma parte. Así puntos como descripción del negocio, propuesta de valor, análisis del entorno y de la competencia, incluso el público objetivo pueden estar ya analizados y descritos, total o parcialmente.

Es posible, más bien es seguro, que habrán quedado muchas dudas pendientes de la breve explicación realizada de cada paso. Sobre todo, dudas de orden práctico, por ejemplo, ¿cómo se hacen en la práctica cada una de las tareas descritas?, ¿qué técnicas se pueden usar? A continuación vamos a explicar con detalle las más relevantes y complejas donde es necesario profundizar.

ESTRATEGIA COMPETITIVA: ANÁLISIS DEL ENTORNO Y PROPUESTA DE VALOR

3

Cuando acudimos al mercado a vender nuestros productos y servicios, nuestro objetivo es bastante claro, conseguir compradores (clientes) que estén dispuestos a pagar por lo que ofrecemos. Sabemos que lograrlo no es fácil. Nadie paga gustoso y los clientes intentan sacar el máximo partido a su dinero tomando decisiones entre varias posibles alternativas. Conseguir que el cliente nos entregue su dinero, y además lo haga encantado, es la labor del marketing.

1. Crear valor cubriendo necesidades

Todos sabemos que pagar no es plato de buen gusto para nadie. No lo hacemos encantados precisamente, pero comprar algo (producto físico o servicio) sí puede ser un placer, algo que nos dé enorme satisfacción a pesar de tener que pagar por ello. ¿Por qué? Simplemente porque estamos recibiendo algo a cambio de nuestro dinero y eso que recibimos nos compensa la pérdida de dinero que podríamos emplear para otras cosas.

Consumir nos ayuda a satisfacer necesidades que todos tenemos. Partiendo de la base de que las necesidades del ser humano no son solo las primarias necesarias para sobrevivir, las personas podemos llegar a ser muy complejas a la hora de entender nuestras motivaciones y anhelos. Pagamos algo a gusto, incluso encantados, cuando recibimos a cambio un producto que nos ayuda a satisfacer una necesidad. Pero, ¿cualquier producto?, ¿a cualquier precio? Obviamente no.

Para que el consumo sea auténticamente placentero, tenemos que crear valor. Esto significa que el producto o servicio que entregamos al cliente tiene un valor subjetivo superior al precio que le pedimos a cambio. El valor es algo subjetivo, depende de las necesidades puntuales y particulares de cada sujeto y situación. No tiene el mismo valor una botella de agua en un aparcamiento público que cuenta con una fuente de agua potable que en medio del desierto. No tiene el mismo valor un bastón para un anciano que para una persona joven o unos zapatos de tacón para un hombre que para una mujer. Sin embargo el precio sí puede ser el mismo para todos ellos.

Si el hombre anciano necesita apoyarse en un bastón para caminar y se ha roto el que tenía, le podremos generar valor vendiéndole uno nuevo. En cambio, para la persona joven, ese mismo producto no le generaría valor casi a ningún precio. Esto se debe a que la generación neta de valor para el sujeto depende de dos factores:

- Positivo: el valor que recibe tener o consumir el producto. Depende de qué necesidad satisface.

- Negativo: el precio que paga por ello.

Para que exista creación de valor, el primero debe ser superior al segundo. Solo conseguiremos vender nuestros productos si somos capaces de generar valor neto a nuestros clientes satisfaciendo sus necesidades a un precio que sea inferior al valor subjetivo aportado.

2. Estrategia para competir

Vemos entonces que para poder vender hay que dar valor neto y para ello el precio es un elemento fundamental. A mayor precio, menor valor neto. En todo caso, desde este punto de vista, poner precios es algo muy sencillo, solo se trata de entender qué valor tienen las cosas para nuestros posibles clientes y acercar el precio lo más posible a ese valor para que, sin dejar de crear valor neto para el cliente, yo pueda ingresar lo más posible por lo que ofrezco a cambio. Sin embargo, no es tan sencillo... Veamos un ejemplo para ilustrarlo.

Todos sabemos que el agua es uno de los elementos básicos para poder vivir. Cubre una de nuestras necesidades primarias más acuciante. Tenemos que beber a diario, varias veces al día, si no, es imposible sobrevivir. Al mismo tiempo, también sabemos que una joya no tiene ninguna utilidad práctica. Podemos vivir sin ella perfectamente. ¿Cómo es posible entonces que la joya tenga un precio muy superior al agua?

En el ejemplo anterior estamos dejando de lado un elemento fundamental en la ecuación de precios: la competencia. Desde luego una botella de agua puede valer mucho más que una joya. En una situación extrema de falta del líquido elemento, uno podría estar dispuesto a dar la joya a cambio, y mucho más. Sin embargo en nuestra vida cotidiana esto no sucede y el motivo es que, a pesar de ser mucho más necesario el agua, si la podemos conseguir con facilidad de forma barata, preferiremos pagar menos para satisfacer la necesidad de hidratarnos. La competencia hace mucho más difícil todo esto.

Para que alguien nos compre no basta con que vendamos algo que aporte valor neto, además debemos ofrecerlo de un modo competitivo de tal modo que la aportación de valor neta que reciba el cliente sea superior a la que recibiría si compra otro producto similar a un competidor. ¿Cómo podemos aportar más valor que los competidores?

Hay tres formas de competir. La primera es desarrollar a través de la innovación un producto único. Basándonos en la innovación, desarrollar y ofrecer productos que antes no existían. Estos productos, o bien satisfacen nuevas necesidades, o bien satisfacen necesidades ya existentes de un modo más eficiente que las alternativas existentes. Un buen ejemplo podría ser el iPhone. Apple supo dotar al *smartphone* de una nueva dimensión dotándole de nuevas funcionalidades y utilidades muy superiores al resto de teléfonos móviles comercializados por los competidores ya existentes. Esta forma de competir es conocida en estrategia como océanos azules[1]. Los clientes nos comprarán porque no tenemos competidores.

El segundo motivo por el cual alguien preferiría gastarse su dinero dándonoslo a nosotros es porque vendemos a un precio más bajo que los competidores. Si el producto es comparable y sustituible a la hora de satisfacer una necesidad, la mayor aportación de valor neto la hará aquel que venda el producto más barato. Si la parte primera de ecuación de valor es igual, el menor precio será la única forma de poder batir a los competidores[2].

Habíamos dicho en el encabezamiento que hay tres formas de competir y solo hemos enumerado dos. ¿Cuál es esa tercera forma de competir? Si el producto no es un producto nuevo (satisface nuevas necesidades o de diferente modo), ni lo vendemos más barato ¿por qué nos lo querría comprar alguien?, ¿quién estaría dispuesto a pagar más por lo mismo?

Lo más probable es que nadie esté dispuesto a pagar más por un producto idéntico a otro que se vende más barato pero ¿qué pasa si no es igual? La clave por tanto para poder vender más caro un producto que satisface la misma necesidad y del mismo modo que otro es convencer al cliente de que NO es igual. Esta es la tercera forma de competir.

Conseguir diferenciarnos es la única alternativa que tenemos para escaparnos de la rabiosa comparación de precios si nuestros productos son en esencia iguales. Pongamos como ejemplo la compra de un coche. En el mercado podemos encontrar alternativas de características muy similares con una enorme disparidad de precios. ¿Cómo es posible? Si comparamos el que ofrece una marca barata (por ejemplo, Dacia modelo Duster) con la versión de lujo de una marca como el Porsche Cayenne, el precio, según las web de ambas marcas, puede ser no menos de ocho veces superior. Sin embargo ambos tienen cuatro ruedas, tamaños similares, un volante, *airbags*... Además ambos superan con solvencia las velocidades máximas permitidas para circular. Si nos centramos en lo esencial podemos decir que son iguales. Sin embargo esto podría ser considerado prácticamente un sacrilegio para los amantes del automóvil. Sin duda, para un comprador de este último vehículo, el producto es MUY diferente. Esta es la clave, si no nunca lo venderíamos...

En definitiva, para que lo que ofrecemos al mercado tenga posibilidades de éxito y haya gente dispuesta a gastar su dinero con nosotros, tenemos que proponer una de estas tres alternativas a los potenciales clientes: producto único, producto más barato o producto diferente (y mejor). Al menos uno de estos debe existir para que nos compren y responda a la pregunta de ¿por qué a mí? (en vez de a los competidores).

3. Marca y posicionamiento

Parece que ya conocemos los caminos que nos pueden llevar a competir con éxito y responder al mercado a la difícil pregunta de por qué te tengo que comprar el producto a ti. Cuando no podemos competir ofreciendo el precio más barato o un producto innovador, solo nos queda la diferenciación como posibilidad competitiva. ¿Cómo puedo en la práctica hacer diferente algo que es en esencia lo mismo?

La primera cuestión de orden práctico es que nuestros productos deben ser fácilmente reconocibles y distinguibles de los competidores. Necesitamos elementos de reconocimiento y distinción, ya que de otro modo no habría posibilidad de conseguir diferenciación. Aquí es donde aparecen las marcas. Todos podemos reconocer ciertos productos por elementos externos: la manzana y diseño de Apple, la forma y logo del Porsche o la característica botella de Coca-Cola.

Tener elementos que nos permiten distinguir físicamente los productos de los de nuestros competidores es fundamental pero una marca es muchísimo más que eso. Una marca es realmente todos los valores diferenciales que van unidos a esos elementos distintivos, entre ellos el logo como principal, pero no único, diferenciador físico.

Una marca debe estar asociada a valores y atributos deseables para los potenciales compradores. Algunos ejemplos:

- Apple: innovación, facilidad de uso y elegancia.
- Porsche: deportividad y exclusividad.

- Evian: Salud, pureza y frescura.
- Jean Paul Gaultier: moda y exclusividad.
- Starbucks: servicio cómodo e informal.
- Zara: diseño y moda.
- Coca-Cola: disfrutar de la vida y felicidad.
- Miele: fiabilidad y durabilidad.

Todos estos valores y atributos permiten a estas reconocidas marcas ser deseables para sus clientes y que estos las prefieran a pesar de que venden productos o servicios más caros que los de otros competidores. Una marca, por tanto, debe ser asociada con habilidad a todos esos elementos que la hacen distinta y mejor. Esto constituye una parte fundamental del trabajo del marketing y se denomina posicionar una marca o un producto. Esto es, ocupar un espacio en la mente del potencial comprador en el espacio de valores y atributos que deseamos y que justificará para el cliente pagar más porque el producto «no es igual», a pesar de ser en esencia lo mismo.

4. Herramientas de análisis estratégico

En todo caso, posicionarte en el mercado es complicado. Buscar un hueco en el que hacerse un espacio creíble y de valor requiere investigar y conocer bien las necesidades de los clientes, las características del entorno y a los competidores. Seleccionar un posicionamiento implica encontrar el espacio donde los posibles compradores estarán dispuestos a pagar más y eso nunca es sencillo.

Para decidir nuestro posicionamiento debemos conocer bien el mercado pero también nuestra situación y características. Existen diversas herramientas de análisis estratégico que nos ayudan a hacer este análisis y reflexión aunque quizá la más conocida y usada sea el análisis DAFO.

Hacer un DAFO consiste en analizar la situación desde dos perspectivas: interna y externa, y tomar en cuenta lo que nos es negativo y lo que nos es positivo. De este modo, obtendremos una matriz de cuatro posiciones: debilidades, amenazas, fortalezas y oportunidades.

- Análisis interno: analizamos nuestro proyecto y los recursos que disponemos para realizarlo.

  - Aspectos negativos: debilidades. Se trata de características internas nuestras que nos dejan en peor situación que los competidores. Pueden ser de tipo humano (experiencia, talento, contactos), técnico (patentes, I+D, maquinaria), económico (menos recursos, acceso al crédito, ayudas), posicionamiento (mal posicionamiento de partida, marcas inadecuadas) o cualquier otro aspecto que debamos superar.

  - Aspectos positivos: fortalezas. Son las características que nos dan o podrían dar ventaja frente a la competencia. Pueden ser los mismos factores que en el caso anterior pero en sentido opuesto: talento, innovación, recursos, marcas.

- Análisis externo: analizamos el entorno donde desarrollaremos nuestra actividad y nos fijamos en qué factores van a influir en nuestro negocio.

  - Aspectos positivos: oportunidades que nos brinda el mercado para desarrollar el negocio. Pueden ser consecuencia de cambios en la demanda, en algún competidor, en la regulación o en tendencias sociales.

  - Aspectos negativos: amenazas. Situaciones del mercado ajenas a nosotros que pueden poner en peligro nuestro éxito a corto, medio y largo plazo. Son las mismas que en el punto anterior pero en sentido inverso: regulación o desregulación, nuevos posibles competidores, cambios económicos y de las preferencias de los clientes.

El DAFO es una herramienta bien conocida y usada. Es muy útil hacerlo porque realizar un ejercicio de reflexión que nos acerca a determinar mejor el posicionamiento nos ayudará a crear esa diferenciación. Sin embargo, es también una herramienta simple. Normalmente el análisis estratégico requiere una investigación y profundización mayor. Otra herramienta usada de forma habitual en marketing estratégico son los cuadros de posicionamiento. Se suelen representar en dos y tres dimensiones.

Un cuadro de dos dimensiones permite analizar que está sucediendo con una determinada variable a través de la comparativa en dos aspectos que se consideran relevantes para el análisis. Por ejemplo, queremos analizar la percepción que tiene el mercado sobre nosotros en dos aspectos: confianza e innovación. Para ello representamos un gráfico de dos ejes situando una variable en cada eje. Asignamos valores en cada una de las dos variables a los elementos a comparar (los competidores en un mercado pero también pueden ser productos o marcas, por ejemplo).

Cuadro 3.1 Gráfico de posicionamiento bidimensional

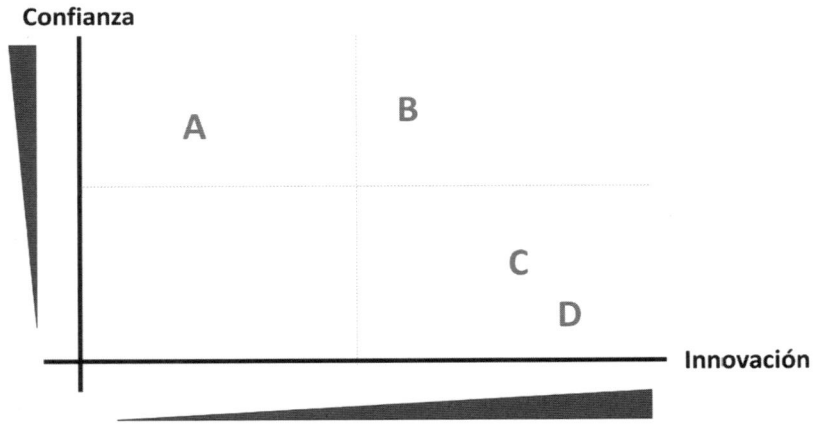

En el ejemplo anterior vemos el posicionamiento de cuatro productos diferentes (representados por las letras A, B, C y D) con respecto a dos atributos estudiados. En este caso confianza e innovación.

Un cuadro de tres dimensiones, añade un atributo más al análisis gráfico de un modo sencillo. A través de un truco visual sencillo, el tamaño con que se representa cada objeto analizado (empresa, producto) representa el tercer atributo. De este modo podemos dar más información en un solo gráfico. De forma habitual el tamaño se utiliza para la variable más fácil de cuantificar. Por ejemplo si analizamos tres variables: presencia digital, conocimiento de marca y tamaño por facturación, la tercera es de manera clara la que más intuitivamente encaja con el tamaño como «eje de representación».

Cuadro 3.2 Gráfico de posicionamiento tridimensional

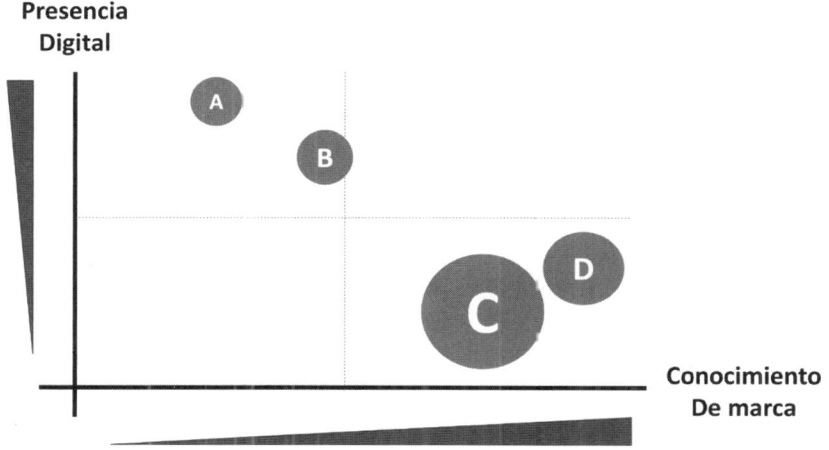

En el ejemplo vemos que la empresa C es la más grande de todas con un tamaño relativo grande con respecto al resto, pero en especial a A y B que son similares, la B ligeramente más grande. A y B, sobre todo A, tienen una excelente presencia digital pero su conocimiento de marca es escaso. C es la mayor y tiene un gran conocimiento de marca pero muy escasa presencia digital. Por último, D, es la segunda en tamaño con excelente conocimiento de marca pero su presencia digital, siendo mayor que C, es todavía un reto. Como vemos, un gráfico de este estilo nos puede proporcionar muchísima información para comprender mejor nuestro posicionamiento.

Estos gráficos de dos o tres dimensiones se conocen como matrices de análisis estratégico. Un ejemplo particular muy usado en análisis estratégico son las matrices del Boston Consulting Group (BCG) que utiliza dos ejes: crecimiento y cuota de mercado y divide los negocios en cuatro grupos según tengan más o menos valor para esas dos variables. Esos grupos son:

- Vaca: productos sin potencial de crecimiento futuro pero con una gran cuota de mercado. Normalmente muy rentables pero sin mucho futuro a medio y largo plazo.

- Estrella: estos se presentan muy potentes en ambos aspectos. Se cuenta con una participación de mercado importante y todavía mantienen un fuerte potencial de crecimiento. Son productos que en el futuro serán probablemente vaca y generarán mucho beneficio pero en el corto plazo no tiene porqué ser así ya que conseguir mantener alta cuota con alto crecimiento suele requerir fuertes inversiones. En especial en el ámbito digital.

- Perro: productos sin potencial de crecimiento y donde mantenemos poca cuota de mercado. Estos productos no son nada interesantes. Normalmente o no son rentables o lo son de un modo muy escaso. Requieren mucha atención debido a la intensa competencia que se suele dar en mercados maduros por lo que es recomendable abandonarlos.

- Interrogante: gran crecimiento pero con poca cuota. La situación no es la mejor pero el fuerte crecimiento puede darnos una oportunidad de recuperar el terreno perdido. El objetivo es convertirlos en productos estrella en el corto plazo para que a medio y largo plazo sean productos vaca pero si no se revierte la situación acabará siendo un producto perro al madurar el mercado y perder el potencial de crecimiento. No es recomendable tener productos interrogantes si no se hace una fuerte apuesta por ellos.

En ocasiones la matriz del BCG se complementa con una tercera dimensión, por ejemplo rentabilidad o recursos.

Cuadro 3.3 Ejemplo de matriz BCG de tres dimensiones

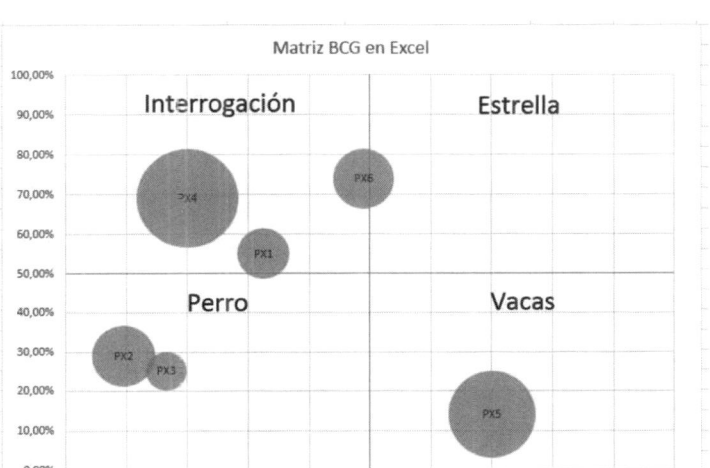

Otra matriz de análisis estratégico clásica es la de McKinsey. Es una variante de la anterior donde se analizan dos variables: atractivo de la industria y nivel de competencia. Como vemos son variaciones muy sutiles con respecto a la matriz del BCG. La gran ventaja de la segunda es que mide criterios objetivos y fáciles de medir y cuantificar mientras que la matriz de McKinsey subjetiviza ambos cambiando:

- atractivo de la industria por crecimiento. Es cierto que una industria puede ser o no atractiva no solo por el criterio de crecimiento. La regulación o las tendencias sociales pueden representar una amenaza que todavía no se refleje en el crecimiento en el corto plazo. Los productos o industrias más atractivos son los de mayor crecimiento esperado.

- capacidad de competir por cuota de mercado. Es cierto que la capacidad de competir puede no estar representada solo por el tamaño. En ciertas industrias, y en especial la digital, incluso esto puede ser un lastre en vez de una ventaja. La capacidad de innovar, atraer talento, poseer marcas, patentes, etcétera pueden ser factores competitivos muy potentes que no se representan siempre con el porcentaje del mercado que somos capaces de alcanzar.

Además la matriz de McKinsey, aporta otra novedad y es que divide cada eje en tres partes (alto, medio y bajo) sacando cuatro cuadrantes de los que sale una recomendación genérica de acción estratégica para cada uno de los cuadrantes.

Cuadro 3.4 Ejemplo de matriz McKinsey

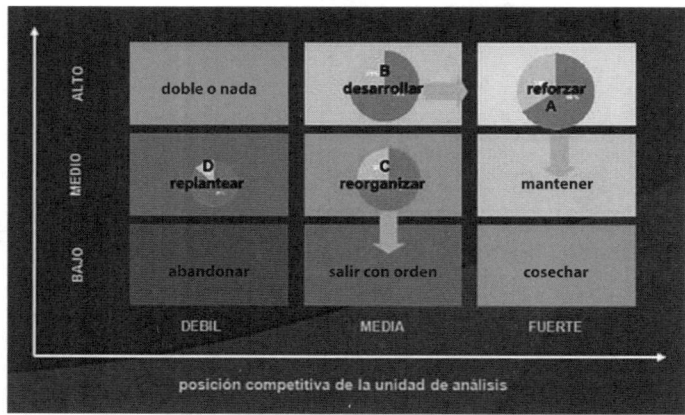

Los cuadros de posicionamiento o matrices son herramientas de análisis estratégico muy potentes que complementan al tradicional DAFO que de por sí se suele quedar muy escaso para dar una visión suficiente que nos ayude a posicionar nuestros productos.

5. La *Unique Selling Proposition* (USP) o propuesta única de valor

Encontrar nuestra propuesta única de valor o USP al cliente, debe ser el objetivo de todo este análisis y posicionamiento. Buscamos la respuesta a la gran pregunta. ¿Por qué querrán gastarse su dinero mis clientes en mi producto en vez de en los de los competidores? La respuesta debe ser nuestra USP. Aquello que damos a los clientes que hace nuestro producto preferible al resto de opciones. Pueden ser valores tangibles: precio más bajo o tamaño más grande por ejemplo; o intangibles:

calidad, prestigio, innovación. En todo caso tienen que ser valores claramente reconocibles y deseados por los clientes ya que, salvo el caso de precio más bajo, en todos los demás casos el cliente deberá justificar pagar más por un producto comparable a uno más barato. Solo si hay un sólido argumento (USP) conseguiremos mover al cliente a nuestro terreno.

La USP se trabaja y se decide tras un análisis externo e interno que nos permita entender en qué situación está el mercado y cómo podemos sacar partido de nuestras capacidades, a pesar de nuestras limitaciones. La USP es el objetivo final de todo el proceso ya que se convertirá en eje central de nuestra campaña de comunicación y presencia. No basta con que tengamos algo diferente y mejor que los competidores, si los clientes no se enteran o no lo perciben no habrá servido de nada…

Algunos ejemplos de *Unique Selling Proposition* son:

- Cirque du Soleil: ¿cómo calificaríamos su espectáculo?
- Ryanair: sus precios en Europa son imbatibles.
- Apple: su posicionamiento de elegancia e innovación permite vender sus productos bastante más caros que los de sus competidores sin que se pueda justificar desde un punto de vista técnico.
- Ferrari: deportividad y emoción.
- Volvo: seguridad por encima de todo.
- Nutella: sabor.

6. Cambios en la relaciones marca-consumidor

Todo lo que llevamos relatado hasta ahora en este capítulo, podría ser perfectamente aplicable al mundo *online*. De hecho, se trata de marketing estratégico que se lleva utilizando décadas en las empresas para posicionar y desarrollar productos en el mercado batiendo a los competidores. No es nada nuevo pero sigue siendo útil y necesario pasar por todo este proceso antes de empezar a realizar una campaña de marketing, sea digital o no. Todo plan de marketing o PMD debe realizar este análisis cuyas conclusiones serán la guía vertebradora de toda nuestra campaña. ¿Cómo vamos a atraer y convertir clientes si no sabemos por qué motivo nos comprarían?

Si bien todo este proceso es muy similar (con pequeñas matizaciones en el posicionamiento) para el marketing tradicional y el digital, lo que sí cambia de forma considerable es el enfoque de relación que nos tenemos que plantear. Y no se trata solo de lenguaje y herramientas de comunicación diferentes en canales digitales y tradicionales, se trata de una auténtica revolución en la forma de enfocar las relaciones que mantendremos con nuestros clientes.

Las técnicas de marketing tradicional hasta este punto hacen más o menos lo mismo que hacemos para realizar un buen PMD. Sin embargo, llegados este punto, el marketing tradicional simplemente identificaba el público objetivo, buscaba el mejor *mix* de canales de comunicación que optimizara la eficacia (impactar con el mensaje al público objetivo) y eficiencia (optimizando el coste), diseñaba una campaña de comunicación uniforme y potente para comunicar su USP y ejecutaba todo asegurando generar los impactos esperados. Si nos fijamos ¿no es este un lenguaje muy militar?, ¿quién está al final de todo este «impacto»? El *target*, es decir los clientes. En realidad no se desprende mucho respeto por el cliente, habitualmente llamado consumidor, en todo este proceso...

Lo cierto es que esta forma de hacer marketing ha funcionado durante décadas, sobre todo desde la universalización de la televisión. Este medio ha permitido crear marcas globales muy potentes en tiempos récord. La eficacia y eficiencia de este canal no tiene parangón al resto y ha sido el canal estrella de comunicación para el marketing del siglo pasado sin duda. La cuestión es que la tecnología ha cambiado y, con ella, la exigencia del consumidor. Las nuevas herramientas de comunicación nos permiten un proceso bidireccional, interactivo donde todos podemos intervenir y aportar. Se acabó la era de las marcas son lo que dice la televisión que son (lo que las empresas han decidido). Las marcas a partir de ahora serán lo que la gente quiera que sean.

Pongamos un ejemplo. Media Markt, la conocida cadena de *retail* de productos de electrónica de consumo, ha invertido durante años unas enormes cifras de millones en generar un posicionamiento en el consumidor basado en el precio más bajo. Su ya conocido *Yo no soy tonto*. La compañía pretendía posicionarse con este mensaje tan agresivo en el espacio de los precios más bajos. Si no eres tonto deberías comprar los mismos productos donde los vendemos más baratos que cualquier otro competidor.

Este eslogan tan agresivo ya muestra de por sí una cierta falta de respeto por el potencial cliente que no compra en la cadena pero, lo peor de todo, es que ni siquiera es cierto. Esta cadena construía un posicionamiento artificial basado en una lista corta de artículos que cada semana publicaba en un folleto al que daba gran difusión. Estos productos sí eran realmente más baratos que los competidores. El problema es que el resto del surtido no. Además este eslogan, minusvaloraba de forma considerable la importancia del servicio y atención en la decisión de compra. En cierto modo fue un pobre intento de imitar la exitosa política de Ryanair, con la gran diferencia de que realmente no son más baratos en la inmensa mayoría de artículos.

La existencia de internet, y las redes sociales en particular, pero también los comparadores de precios, pusieron de manifiesto la cruda realidad con un enorme impacto para la marca. ¿Quién es tonto ahora? se preguntan muchos.

La cuestión es que el consumidor ha cambiado debido a que ahora dispone de herramientas que le permiten dialogar e intercambiar opiniones. Asistimos, con estupor por parte de muchos, al fenómeno de los *bloggers*, *youtubers* e *influencers* en general que no son más que personas normales y corrientes, que cuentan con la audiencia y credibilidad que muchos medios tradicionales parecen haber perdido. Los viajeros tienen mucho más en cuenta las opiniones en TripAdvisor o Booking que las estrellas o folletos de agencia para elegir un hotel, antes de comprar un coche o un electrodoméstico comparamos precios y opiniones de otros usuarios. La mejor valoración de un éxito musical ya no está en sus ventas, sino que es consecuencia del número de visualizaciones que tienen en YouTube sus vídeos. Así con una innumerable lista de decisiones de compra.

El consumidor ha cambiado y la mayoría de las marcas no. Siguen empeñados en comunicar mensajes unidireccionales, impersonales, medio verdad (más mentira que verdad en muchos casos)... Esto ya no funciona. En el entorno digital hay que cambiar de filosofía. Hay que acercarse a la gente de otro modo. Con más respeto. Teniendo en cuenta sus opiniones y valoraciones. Agradeciendo las compras y más las críticas que recibes. Premiando a quienes te prescriben y persuadiendo a quien te critica. Volvemos a la era de las conversaciones. Los mercados son conversaciones y solo han dejado de serlo (para convertirse en monólogos) durante el corto periodo de tiempo en el que los medios de comunicación masivos han sido unidireccionales, carentes de interactividad. Esta es la tesis principal de Rick Levine y sus tres amigos digitales que ya a fínales del siglo pasado escribieron una obra que todo el mundo que se introduce en el marketing digital debería leer y aprender[3].

OBJETIVOS DE LA COMUNICACIÓN *ONLINE*

4

Es evidente que, cuando no se sabe lo que se quiere, es difícil lograr resultados. Decía Séneca en su conocida cita que «no hay viento bueno para el que no sabe adónde quiere ir». Si bien se puede llegar a tener éxito en ocasiones por el camino de la suerte de la oportunidad, el riesgo es finalmente no «llegar a ningún sitio». Un buen profesional no puede apostar nunca por el azar como única guía de progreso. El trabajo bien hecho suele dar mejores resultados que la suerte a secas.

El marketing *online* es rico en posibilidades y, por lo tanto, complejo. Tenemos una gran cantidad de herramientas y de alternativas técnicas, funcionales y operativas que nos permiten ejecutar acciones encaminadas a elaborar estrategias muy diferentes, incluso divergentes. En muchos casos, esto provoca que cuando no se determina bien, desde el inicio qué queremos conseguir y no se sigue una metodología apropiada para escoger la mejor forma de lograrlo utilizando las herramientas adecuadas, los resultados obtenidos pueden ser decepcionantes.

Cuando los gestores de marketing se ven en una de estas situaciones, muchas veces llegan a la conclusion de que el medio no es el adecuado para su producto, servicio, sector o empresa. Pero, en la mayoría de los casos, lo que ocurre es que no saben utilizarlo correctamente. Esto no debería ser un problema ya que nadie nace sabiendo. Lo único que hace falta es dedicar el tiempo y el presupuesto necesarios a la formación, el aprendizaje y la experimentación para dominar el medio y poder utilizarlo de manera adecuada. El tiempo imprescindible para este proceso es el peaje que nos permitirá aprovechar todo el potencial y las posibilidades que el ecosistema digital nos ofrece para lograr nuestros objetivos.

1. La estrategia como punto de partida: *branding* frente a *performance*

Pero ¿qué tipo de objetivos nos podemos plantear? Hacer este ejercicio no es recomendable si antes no se ha hecho un análisis estratégico que nos ayude a entender qué queremos lograr. Una vez tengamos los objetivos estratégicos claros, toca bajarlos al terreno más operativo. Debemos ser capaces de establecer objetivos concretos que nos ayuden a guiar nuestro trabajo y establecer si estamos en el camino de lograr lo que esperamos a medio y largo plazo. El marketing digital nos permite enfocar nuestra actuación a dos tipos de metas muy diferenciadas:

- Marketing de marca (*branding*[1]): el objetivo es construir una marca sólida. Posicionar la marca en un porcentaje alto de nuestro público objetivo es lo que se espera lograr. La clave de este tipo de marketing es utilizar el posicionamiento de marca como ventaja ante los competidores. Si nuestra marca tiene un posicionamiento claro y fuerte en el territorio que queremos, podremos diferenciarnos de la competencia y crear de este modo una barrera para el resto.

- Marketing de resultados (*performance*[2]): en este caso la creación de una marca y su posicionamiento no es el objetivo deseado en el corto plazo. El gestor busca el resultado inmediato medido en alguna variable de negocio fácilmente cuantificable. Casi siempre registros (*leads*, en términos de marketing *online*), captación de clientes o recuperación inmediata de la inversión.

En el marketing tradicional también ha existido desde siempre esta distinción con la diferencia de que el marketing de resultados se ha llamado venta directa o marketing directo. Sin embargo, el marketing de resultados ha tenido mucho más éxito y aceptación que su predecesor, el marketing directo. Varios motivos justifican este empujón en el medio digital del marketing de resultados. Los más destacados son:

- Capacidad interactiva del medio. Es sin duda el principal motivo. Los medios de comunicación tradicionales son bastante ineficientes para conseguir la respuesta directa que buscan, sobre todo porque obtenerla requiere que el cliente tenga que abandonar el medio donde se ha informado y desea comprar, para tener que acudir a otro: hacer una llamada, visitar una tienda o escribir y enviar un formulario por correo. En cambio, utilizar herramientas digitales permite conseguir respuesta instantánea y en «caliente» Mucho más efectiva. El cliente puede preguntar y encargar su compra con solo pulsar un botón

- Capacidad de medición más sencilla y precisa. No es que el marketing directo tradicional no se pueda medir. Al revés, la base de la venta directa es la decisión basada en resultados donde todo se mide y optimiza, sin embargo las herramientas de medición tradicionales son mucho más complejas, caras, imprecisas y no tan inmediatas.

- La posibilidad de hacer acciones de marketing *online* con poquísimo presupuesto. Esto abre la puerta de este tipo de técnicas a gente para la que antes era inaccesible.

- Consecuencia de todo lo anterior, hay relativamente pocos productos que se puedan prestar a ser vendidos de este modo por los canales tradicionales. Se necesitan: productos relativamente novedosos y desconocidos, de precio medio elevado y altísimo margen. No hay muchos de estos.

Por estos motivos, entre otros, el marketing tradicional ha tenido un peso eminentemente orientado al *branding*. Para mucha gente hacer marketing es hacer *branding*. En marketing digital no es así. Una parte importantísima y creciente de los presupuestos van destinados a la respuesta directa (*performance marketing*).

Antes de dar ningún paso adicional, es necesario plantearnos y decidir cuál es el camino más adecuado para cumplir nuestros objetivos globales de negocio. No se puede decir que una u otra opción sea mejor. Quizás por la ley del péndulo que lleva a sobrerreaccionar a la gente siguiendo modas y tendencias, el *branding* ha caído un tanto en desprestigio en el entorno digital. Esto es sin duda un grave error. Hemos visto lo importante y útil que puede llegar a ser una marca y cómo, a través de ella, se puede competir con éxito. También en los últimos años se han construido *online* marcas muy poderosas como por ejemplo Rastreator, Trivago, Kayak, Chicisimo o Wallapop. La mejor estrategia es la que más se adecuada a tu situación y objetivos de negocio y aquí se abren multitud de posibilidades y ningún camino resulta ni único y ni de claro éxito.

En todo caso, hemos comentado que un objetivo bien definido debería ser capaz de concretarse en algo más. En especial, si hablamos de marketing de resultados, en cuyo caso resulta imprescindible. Cuando alguien se pregunta qué quiere obtener de una campaña de marketing digital, en realidad lo que se está planteando es ¿qué objetivos de negocio me deben ayudar a implementar con éxito mi estrategia? Esto traducido al terreno práctico podría quedar como:

¿Qué pretendo lograr con mis anuncios?

A esta cuestión se puede responder de, al menos, cinco maneras diferentes:

1. **Quiero que mis anuncios se vean mucho pagando lo menos posible (en términos de coste por impacto)**. En este caso, nuestra intención es dar a conocer o reforzar una marca, producto o servicio. Aspiramos a lograr un número suficiente de impactos con el objetivo de que los consumidores nos recuerden y nos tengan en mente en el momento de tomar una decisión de consumo donde podamos aportar una alternativa. En definitiva, es una estrategia de *branding*. Nuestro objetivo se basa en el *awareness*[3] y lo que queremos es crear el mayor impacto posible con el menor coste. Esta es la estrategia que se emplea en la inmensa mayoría de campañas publicitarias en medios masivos convencionales.

   Un buen ejemplo sería la campaña de un perfume en Navidad que, probablemente realizaremos integrada en todos los medios, incluido internet. El objetivo no es vender el perfume *online* sino que el consumidor piense en nuestra marca cuando tenga que hacer un regalo o alguien le pregunte qué le puede regalar.

2. **Quiero que mis anuncios generen visitas a un web o *app*[4].**
Aquí, el mensaje u objetivo de la campaña no se puede conseguir solo con una pequeña creatividad gráfica y necesitamos una mayor involucración del usuario. Necesitamos sacar el máximo partido a la interactividad que nos ofrece el medio. Nuestro mensaje o valores a comunicar precisan más tiempo y mayor contacto y diálogo con el usuario. Si queremos lanzar un nuevo modelo de coche, necesitamos comunicar las características, novedades y opciones de personalización, por lo que nuestro objetivo será que el cliente «juegue» con el *site* para configurar su propio utilitario. No basta con ver el anuncio.

3. **Quiero que mis anuncios generen suficiente interés como para conseguir los datos de contacto del cliente.** El objetivo es recibir información adicional o que nos autoricen a enviar material comercial con posterioridad. Lo que se pretende, en esta ocasión, es captar clientes a futuro. Nuestro objetivo no se limita a dar a conocer o potenciar una marca, ni siquiera a que los clientes visiten nuestro *site*. Vamos un paso más allá y necesitamos que el usuario se implique tanto como para poder ser considerado cliente o, al menos, cliente potencial. Retomando el ejemplo del lanzamiento del coche, nuestro objetivo no se limita a que el usuario «juegue» sino que esperamos que el cliente se registre o haga una solicitud de prueba del vehículo. Esta misma idea también funcionaría con una tienda virtual que quiere captar suscriptores a su *newsletter*. Un ejemplo de este tipo de técnica de captación son los llamados clubes de venta privada (Privalia o Vente Privee) y las de ventas de cupones de descuento cuyo principal exponente es Groupon.

4. **Quiero que mis anuncios permitan captar nuevos clientes.**
No nos basta en el corto plazo con generar interés y conseguir interesados, queremos mayor involucración y compromiso. Que nos compre y nos pruebe, aunque el importe no sea muy alto de partida.

En este caso podemos estar dispuestos a realizar ventas a clientes nuevos con ofertas agresivas (a pesar de perder dinero con esa venta) con el objetivo de captar clientes a quienes fidelizar en el futuro. En el corto plazo, estoy dispuesto a que el margen de la venta sea inferior a lo que me cuesta captar el cliente, sabiendo que en el medio y largo plazo lo recuperaré al fidelizar al cliente o a buena parte de ellos al menos. Esto se puede dar en un supermercado virtual por ejemplo. Invierte de forma agresiva en captar clientes que, si consigue fidelizar, harán compras recurrentes de elevado importe en el futuro.

5. **Quiero que mis anuncios provoquen ventas con retorno inmediato de la inversión.** Es decir, no estamos dispuestos a que esa venta pueda ser deficitaria. Esto puede ocurrir porque tenemos pocas posibilidades de fidelizar al cliente o porque nuestros objetivos financieros se centran en exclusiva en el corto plazo, en una estrategia de rentabilidad inmediata. Tal sería el caso de una tienda virtual que solo pretende generar ventas con margen suficiente como para cubrir y superar toda la inversión de la campaña. Este caso es muy habitual en microproyectos y microempresas que tienen escaso presupuesto y no se pueden permitir invertir en el crecimiento con vistas al medio y largo plazo.

Los dos primeros objetivos son de *branding*, los tres últimos de *performance marketing*.

Cuadro 4.1 Definir una estrategia de comunicación

Definir una estrategia comunicación:
Quiero que mis anuncios...

Notoriedad	... se vean mucho y pagar poco	Branding
	... generen visitas a mi site	Tráfico
Performance	... Visitas sólo de interesados	Leads
	... Visitas sólo de potenciales clientes	Ventas
	... Sólo ventas rentables a corto plazo	Rentabilidad

2. Definición de la estrategia

Nos preguntamos cuál es la mejor estrategia para nosotros. Como hemos comentado, no hay una estrategia mejor o peor, depende mucho de los objetivos de negocio y estratégicos del proyecto.

A pesar de todo y, en un principio, puede parecer un poco absurda la discriminación de objetivos realizada porque ¿quién no busca la rentabilidad en sus acciones de comunicación? Es evidente que en todos los casos las empresas buscan rentabilidad, pero el modo y el plazo en que se espera obtener el retorno, puede ser diferente. Aquí es donde está la justificación de una u otra forma de orientar tu campaña.

En efecto, no ha nacido el empresario que no exija rentabilidad pero existen varios caminos para lograrla

- En el caso de la **estrategia de visibilidad y *awareness*[5]**, la rentabilidad se espera obtener a medio y largo plazo en toda la vida útil de la marca, producto o servicio. Se pretende crear un conocimiento que influya en decisiones de consumo que no se tienen porqué producir necesariamente en ese momento. Se crea una ventaja competitiva a través de la marca y se recupera poco a poco a lo largo de toda la vida útil del producto.

- Es algo muy similar a lo que sucede con la **estrategia de visitas**. Tampoco se espera un retorno inmediato, pero la necesidad de mayor «enganche» con el usuario se suele corresponder con la necesidad de recibir una respuesta más inmediata que cuando solo se pretende repetición.

En definitiva, estos dos primeros son objetivos de *branding*, la recuperación de la inversión es a largo plazo e incierta. Solo lo lograré si la marca se consigue posicionar bien en el espacio deseado creando una ventaja competitiva.

En cuanto al *performance marketing*, el objetivo sigue siendo recuperar la inversión y obtener rentabilidad pero sacrificamos la creación de la marca dejándola en un segundo plano a cambio de un resultado en términos de negocio tangible en el corto plazo. Por lo tanto, los plazos exigidos al retorno son más cortos y se admite menos incertidumbre.

- Cuando no puedo admitir ningún riesgo y necesito recuperar todo lo que invierto de manera instantánea (es decir, el margen de la venta debe ser superior al coste de captación del cliente), me tengo que centrar en **objetivos de rentabilidad inmediata.**

- Si estoy dispuesto a invertir en captación de clientes perdiendo dinero en la primera venta (inversión, más que pérdida), mi objetivo sería **captación de clientes**. Los plazos se dilatan y existe un cierto riesgo de no fidelizar a los clientes y perder la inversión.

- Por último, en el objetivo **de captación de *leads*** esperamos conseguir una gran base de datos de clientes en potencia interesados con el propósito de ir convirtiéndolos en clientes a lo largo del tiempo. Es una estrategia que admite el riesgo y dilata el plazo.

Por otro lado, la incertidumbre de que al final se obtenga el retorno de lo invertido es directa al plazo en que esperamos que se produzca. Esto es lógico con la última estrategia, rentabilidad, «tenemos la piel del oso» desde el primer momento con lo que la incertidumbre de recuperación a medio y largo plazo es nula. A medida que subimos en la lista anterior, la incertidumbre aumenta. En la estrategia de captación de clientes podemos lograr la venta inicial pero tendremos la incertidumbre de si podremos conseguir que se repita en el futuro. O, cuando un usuario se registra, no tenemos ninguna garantía de que acabe comprando. En el caso de la estrategia de *branding* si la marca, producto o servicio no se mantiene en el mercado el tiempo suficiente o nuestra comunicación no consigue destacar como para que los consumidores nos recuerden, todo lo invertido en comunicación habrá sido perdido.

Cuadro 4.2 ¿Cómo busco la rentabilidad?

Branding

Tráfico

Solicitudes

Ventas

Rentabilidad

Plazo

Seguridad

Con franqueza, no es que nadie desprecie la posibilidad o la capacidad de obtener resultados a corto plazo. Es más, podemos asegurar que todos los empresarios aspiran a hacer campañas con retorno inmediato. El problema que tiene esta estrategia es que no es fácil de ejecutar y encontrar acciones suficientes para cubrir las expectativas que nos hayamos propuesto. En definitiva, la estrategia de rentabilidad no es escalable y, por lo tanto, tiene una capacidad muy limitada de conseguir objetivos cuantificables. A medida que subimos en la lista, la posibilidad de lograr inventario será mayor y también lo será la escalabilidad de la campaña y la posibilidad de alcanzar resultados cuantitativos importantes.

No se puede decir que exista una alternativa mejor que otra en términos absolutos y la mejor estrategia dependerá de diversas circunstancias como por ejemplo:

- **El tipo de actividad a la que nos dediquemos**. Hay sectores que por sus características —que sus productos o servicios sean de bajo importe y compra repetitiva o que los artículos se diseñan con una esperanza de vida larga— son idóneos para el *branding*. En cambio, otros campos como el de la tecnología, con una esperanza de vida media en sus productos muy baja, son menos adecuados para este tipo de estrategia.

- **La posición dentro de la cadena de distribución**. En general los fabricantes de los productos o prestatarios de los servicios están más inclinados al *branding* ya que deben llegar al consumidor para que este demande sus productos o servicios en el punto de venta. Así, adquieren mayor poder de negociación con la distribución. Los minoristas, en cambio, y mucho más los distribuidores, apenas tienen incentivos a la creación de marca y estarán más orientados a la captación de clientes o la rentabilidad inmediata.

- **Tamaño de la empresa**. Solo suele estar al alcance de los grandes que tienen capacidad financiera para invertir en campañas que rentabilizarán en un plazo más largo. En el otro extremo, las micropymes difícilmente podrán plantearse una estrategia con alto nivel de incertidumbre.

- **Ciclo de vida del producto o servicio**. El *branding* es más adecuado para las fases más iniciales de lanzamiento y alto crecimiento, incluso para la consolidación. Sin embargo, para las últimas fases de vida del producto como la madurez y el declive, serán más adecuadas las estrategias de resultados.

- **Disponibilidad presupuestaria**. Cuando no hay apenas presupuesto, nos tendremos que conformar con las estrategias de la parte más baja de la lista, tales como la captación de clientes o la rentabilidad. Si disponemos de grandes cantidades de dinero para invertir, será complicado encontrar suficientes acciones que generen rentabilidad de forma inmediata y deberemos plantearnos campañas de visitas o rentabilidad.

3. Objetivos SMART

Definir los objetivos de un PMD no se puede quedar en el plano de los objetivos estratégicos. Hay que ir más allá. Un PMD debe ser un documento de reflexión estratégica como hemos comentado, pero con el único objetivo de orientar la acción operativa. Un PMD debe ser una herramienta que ayude a los emprendedores o gestores encargados de ejecutar el marketing digital de la compañía a realizar y optimizar su trabajo orientado a resultados concretos y medibles.

Para comprobar si nuestros objetivos están definidos de forma adecuada podemos usar la regla SMART.

Cuadro 4.3 ¿Qué es la regla SMART?

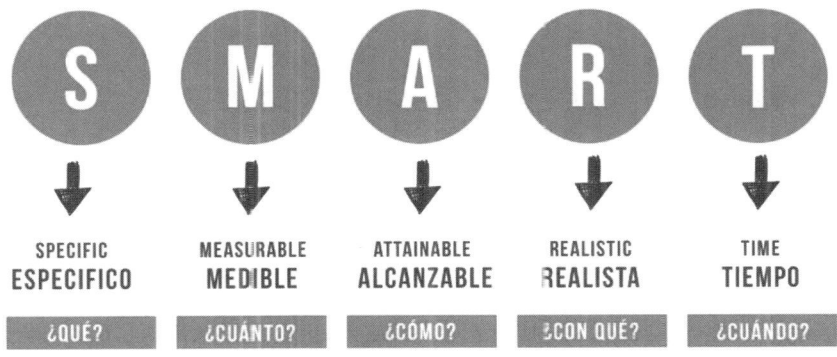

Esto implica que deben cumplir los siguientes requerimientos:

- Específicos (*specific*): no pueden ser generales, se deben referir a métricas concretas que podamos contrastar. Ejemplo de un objetivo específico: número de pedidos conseguido. Ejemplo de objetivo no específico: percepción más positiva de la marca. ¿Qué es eso exactamente?

- Medibles (*measurable*): deben ser objetivos que se puedan cuantificar con objetividad. Ejemplo de objetivo medible: pedido medio. Ejemplo de objetivo no medible: tono amable de los mensajes recibidos.

- Alcanzables (*achievable*): los objetivos deben ser razonables y evitar aquellos que por inalcanzables todo el mundo sabe desde el inicio que no se podrán cumplir. Esto desorienta a los equipos que, de hecho, se quedan sin objetivos al ser conscientes de su imposibilidad

- Realistas (*Realistics*): esto es un poco más de lo mismo, pero sin la R la regla nemotécnica no funcionaría igual. Es importante que los objetivos sean realistas y ajustados a los recursos y situación real.

- En un marco temporal (*Time framed*): deben estar acotados en el tiempo. No vale con decir tengo que captar 10.000 clientes por ejemplo. ¿En cuánto tiempo? No es lo mismo tres meses que cinco años... En la mayoría de las ocasiones definimos objetivos anuales pero en un proyecto digital no tiene por qué ser esto lo más adecuado. De hecho, sobre todo en fases iniciales, es mejor trabajar con marcos temporales más cortos, tres meses es una buena referencia, e ir aumentando a semestrales y anuales a medida que se conoce mejor el negocio y se gana certidumbre.

La regla SMART me ayuda a comprobar si he definido bien los objetivos. En todo caso, hay que poner énfasis en que sean medibles y realistas. En gran parte, en estas características se resumen las cinco anteriores. Lo que más nos aporta de esta regla es la necesidad de cuantificar y especificar en el ámbito de lo medible y factible. Los objetivos, de este modo, se convierten también en nuestra guía de acción y control que nos permitirá tomar decisiones de forma continuada a lo largo del tiempo desde el inicio de las campañas. Los objetivos dejan de ser solo un baremo que nos indica al final si hemos logrado o no lo esperado.

EL PÚBLICO
OBJETIVO

5

Hemos hablado en el tercer capítulo de cómo la creación de valor a través de la satisfacción de necesidades debe ser el eje conductor y el punto de partida de cualquier plan de marketing digital que se precie. Para que exista relación comercial a medio y largo plazo es imprescindible que el cliente satisfaga con nuestro producto sus necesidades de un modo más eficaz y eficiente que lo que podría conseguir con un producto de un competidor o sustitutivo.

Pero la cuestión es ¿todas las personas tienen las mismas necesidades? Obviamente no. Las personas somos seres complejos. Más allá de las necesidades primarias que nos igualan a todos en lo más básico, las personas tienen necesidades diferentes en la medida que su entorno, situación y motivaciones pueden ser por completo diferentes a las de otras personas. Un ejemplo muy claro en este sentido es una mujer de 38 años sin hijos con necesidades diferentes a otra que tiene hijos de cero a tres años u otra que los tiene ya preadolescentes. Sus situaciones son diferentes y sus motivaciones también, por tanto sus necesidades lo son también.

1. Quién es el público objetivo

Partiendo de la base de que personas diferentes tienen necesidades diferentes debemos aceptar que nuestra propuesta de valor (USP) no será adecuada para todo el mundo. Si lo hemos hecho bien, existirá una parte de la población a la cual nuestro producto (físico o servicio) le aporte valor y le merezca la pena pagar el precio que pedimos a cambio por él. Sin embargo, tendremos una buena parte de la población a la que le sucederá lo contrario, lo que le ofrecemos no le interesa, para ese grupo de personas, lo que ofrecemos no vale lo que cuesta. El primer grupo sería nuestro público objetivo o *target*[1].

> «Aquel subconjunto de población a la que le aportamos valor con nuestro producto y, por tanto, tiene más posibilidades de realizar una compra. Se trata del conjunto de posibles clientes a los que mejor satisfacemos sus necesidades».

Pongamos un ejemplo, ¿puede un bolso de mujer de 10.000 euros ser una necesidad para alguien?, ¿lo es para ti? Muy probablemente la respuesta sea no. Si eres hombre y no tienes que hacer un regalo importante a una mujer en los próximos días probablemente ese producto carece de interés. Es posible que seas mujer y que el producto te resulte atractivo, incluso desearías tenerlo pero ¿estarías dispuesta a pagar el precio que te piden a cambio? En ningún caso pagarías el precio exigido porque se te ocurren múltiples cosas mejores que hacer con ese dinero. Si tuvieses que pagar ese importe le restaría valor en vez de crearlo. ¿Crees que existe alguna persona que de verdad tenga esa necesidad?

Cuando uno no es público objetivo cuesta imaginar que otras personas sí pueden «necesitar» ciertos productos. Solemos achacarlo a «un capricho» pero ¿realmente piensas que hay alguien dispuesto a pagar 10.000 euros por algo que no le ayuda a satisfacer una necesidad? En muy raras ocasiones sucede esto. Si ese tipo de productos se venden es porque existe un público objetivo al que el producto, a ese precio, le crea valor porque le ayuda a satisfacer una necesidad que le reporta un beneficio superior al precio que tiene que pagar.

La cuestión es ¿qué tipo de necesidad satisface un producto así? Una primera aproximación podría llevarnos a pensar que su utilidad es poder guardar y transportar con comodidad diversos objetos como cartera, maquillaje, teléfono, llaves. Viéndolo de este modo, esa misma necesidad puede ser satisfecha con un producto que cumpla exactamente igual de bien esa función por un importe de 30 euros. Eso quiere decir que si hay gente dispuesta a pagar más es porque está satisfaciendo alguna necesidad adicional.

Lo cierto es que la ropa, los complementos o el coche por ejemplo, no solo satisfacen las necesidades evidentes de guardarnos del frío, proteger nuestro pudor o transportarnos, todos estos productos nos ayudan a expresar a los demás cosas sobre nosotros mismos. En parte definen atributos nuestros personales que expresamos a través de estos signos externos reconocibles. Es decir, nos ayudan a que los demás nos clasifiquen en la «tribu» social a la que queremos pretender, aquella en la que queremos ser admitidos y apreciados. El ser humano es un ser social y necesita ser aceptado por su grupo. Si estás o quieres ser admitido en el grupo social más elitista y exclusivo y quieres que las personas de este grupo te vean como «un igual», probablemente necesitas un artículo o varios como el del ejemplo. La cuestión no es la funcionalidad evidente del producto sino el acceso, o supuesto acceso, que el producto te da para ser admitido y apreciado en un grupo social concreto.

Es decir, hay personas que realmente tienen esa necesidad y por ello les aporta valor pagar por ese artículo lo que cuesta. Ese sería nuestro público objetivo. Aquel subconjunto de la población, relativamente pequeño en el caso del ejemplo, a la que el producto le aporta valor porque poseerlo le genera más beneficio que pagar el precio que le piden por él.

Un error habitual en la definición del público objetivo, es pensar que «todo el mundo es público objetivo» porque cualquiera puede estar dispuesto a pagar por el producto lo que pido. Lo cierto es que una definición del *target* en base a criterios generales se basa en supuestos «estereotipos» y que este es un modo de autolimitarse impidiendo llegar a otras personas que quizá, más allá del estereotipo, puedan llegar a ser compradores. Pero la realidad nos indica que lo que vendemos no aporta valor a todo el mundo y que es mucho más ineficiente gastar nuestros recursos (tiempo, esfuerzos y dinero) en explicar nuestra USP a todo el mundo que centrar nuestros esfuerzos en quienes realmente tienen mayor posibilidad de comprar.

Siguiendo el ejemplo anterior, ¿tendría sentido para una marca de bolsos de lujo hacer una gran esfuerzo publicitario en impactar a hombres de un segmento sociocultural bajo? Probablemente no. ¿Eso quiere decir que ningún hombre de este segmento social compraría nunca este producto? Ni mucho menos, se puede dar y se dará el caso de una persona que ha recibido una cantidad de dinero relevante (una herencia, lotería o un trabajo por ejemplo) y que quiere regalar a su pareja un regalo muy especial y exclusivo. Este caso sería un posible cliente. Pero la posibilidad de que estas circunstancias se den de forma habitual en este segmento es muy baja. No es interesante gastar recursos con este fin. En cambio, patrocinar un torneo de polo en una urbanización de lujo, sí puede ser una forma de impactar en el *target* de manera eficaz y eficiente.

Por tanto, definir de forma correcta el público objetivo es crítico para lograr los objetivos y conseguir la máxima eficacia y eficiencia de los recursos invertidos. Es imposible tener éxito en nuestro plan de marketing digital si no hemos hecho bien esta parte del trabajo.

2. Definición del público objetivo: cobertura y afinidad

Tenemos claro que es importante definir el *target* de manera correcta para poder invertir de forma idónea nuestros recursos, pero ¿cómo podemos definir ese subconjunto de la población que más probablemente estará dispuesto a comprar lo que vendemos?

Un error muy habitual es establecer una definición imprecisa, como por ejemplo «personas que están dispuestas a pagar 10.000 euros por un bolso». Esto es lo mismo que decir que cualquier persona puede potencialmente ser comprador de nuestro producto. Esto ya hemos visto que es un error porque nos impediría hacer de forma eficaz y eficiente las siguientes etapas de nuestro PMD. Nos llevaría a invertir de manera inadecuada nuestros recursos, y estos son siempre limitados.

Para poder hacer bien el resto del trabajo necesitamos una definición más precisa de las características de ese grupo de población que más probablemente nos comprará. De este modo podremos decidir dónde es más eficaz y eficiente centrar nuestros esfuerzos.

Llegado a este punto es conveniente presentar dos conceptos de marketing que nos pueden ayudar mucho en esta tarea:

- Cobertura: es el porcentaje del *target* que será impactado por mi campaña. Por ejemplo si nuestro público objetivo en una determinada población está compuesto por 1.400.000 personas, y mi campaña es capaz de impactar a 700.000, esta campaña lograría una cobertura del 50% del *target*.

- Afinidad: es la probabilidad de que la persona impactada sea realmente público objetivo y tenga, por tanto, interés real en nuestro producto. Por lógica, a mayor afinidad mayor probabilidad de compra.

Pongamos un ejemplo, somos un fabricante de coches que lanza un nuevo modelo relativamente pequeño (cuatro metros, tamaño del VW Golf) pero de estética y prestaciones deportivas. Supongamos que definimos un primer *target* como hombres de entre 20 y 35 años de clase social media y media alta. A continuación, hacemos otra definición de *target* como hombre urbano de clase social media y media alta interesado por la conducción deportiva y las competiciones de motor.

En el primer caso, el subconjunto de población recogido es bastante mayor que el segundo, ya que este limita a aquellas personas con vida social habitual en torno al lujo. Existen seguro muchos hombres de clase social media y media alta de entre 20 y 35 años que no tiene el más mínimo interés en nuestro producto. Sin embargo, la probabilidad de que esto suceda en el segundo *target* es mucho menor. Es más probable que los que siguen y tienen interés en competiciones de motor tengan interés y estén dispuestos a comprarnos nuestro nuevo modelo. En ese caso diremos que el segundo *target* tiene más afinidad con nuestro producto que el primero.

Vamos un paso más allá. Si nos quedamos con el segundo *target*, aquel más restrictivo, tendremos más probabilidad de lograr que nuestros impactos sean productivos, en cambio, será mucho más difícil encontrar cómo y dónde impactar, y probablemente será mucho más costoso lograrlo ya que es más complicado llegar a un *target* tan específico. Sin embargo, en el primer caso será más sencillo y barato impactar en este público objetivo más amplio pero la probabilidad de que el impacto sea productivo será menor. ¿Qué es mejor impactar en mucha gente con bajo coste por impacto pero menor probabilidad de compra o impactar a menos gente a mayor coste unitario por impacto pero con mayor probabilidad de compra?

La respuesta *a priori* no es sencilla. Depende, como casi todo. En el primer ejemplo de segmentación (el público amplio) impactaré en más personas con un coste unitario más bajo pero «malgastaré» una parte importante de esos impactos porque en verdad no están interesados en nuestro producto. En cambio, en el segundo caso, me costará más el impacto unitario pero tendrá mayor probabilidad de convertirse en compra. Por lógica, la mejor opción dependerá de la diferencia de coste de impacto para cada caso y de la probabilidad de conversión en un *target* u otro. En general, podemos asumir que cuando el *target* es muy restrictivo y, por tanto, el subconjunto de población potencialmente interesado más bajo, la diferencia de coste de aumentar la afinidad compensa. En cambio, cuando la probabilidad de que nuestro producto encaje con un *target* definido de un modo muy general es alta (no hay criterios claramente restrictivos para definir el *target* específico del producto) suele ser más interesante apostar por impactar a mucha gente con un coste por impacto bajo.

Imaginemos que el coche que queremos lanzar no es un deportivo, sino un utilitario normal, un Golf. En este caso, es muy complicado segmentar por criterios de afinidad y será casi siempre más interesante impactar a mucha gente (dentro del *target*) con un coste por impacto bajo.

Es decir, que el siguiente paso para poder definir de manera adecuada nuestro público objetivo será decidir el grado de cobertura y afinidad que necesitamos conseguir para optimizar nuestros recursos. Podemos polarizar:

- **Cobertura.** En marketing, cuando hablamos de una campaña de alta cobertura, estamos queriendo decir que nuestro objetivo será llegar a una gran parte de los consumidores potencialmente interesados en nuestros productos o servicios. *Target* amplio, coste por impacto bajo y amplio porcentaje de cobertura.

- **Afinidad**. En este caso, cuando hablamos de una campaña de alta afinidad, estamos queriendo decir que necesitamos impactar en un público más específico y menos general si queremos tener alta probabilidad de conversión. *Target* estrecho, coste por impacto alto y alto porcentaje de conversión.

Como es lógico, a mayor afinidad requerida más difícil será alcanzar altos niveles de cobertura ya que, de alguna manera, lo uno es lo opuesto a lo otro. Apostar por una alta afinidad implica renunciar a grandes niveles de cobertura. Al igual que pretender afinidad es ir encaminados a la precisión, buscar cobertura es aspirar a obtener masividad.

Si tenemos clara nuestra estrategia, definir el nivel de cobertura-afinidad que queremos es relativamente sencillo ya que la primera condicionará por completo la segunda. Cuanto más amplios sean los objetivos, más necesidad de amplia cobertura necesitaremos:

- Para una estrategia de *branding* es adecuado buscar un amplio nivel de cobertura por lo que deberemos dejar de lado una alta afinidad o será complicado alcanzar los objetivos cuantitativos previstos. Cuando buscamos impactar en un número muy elevado de consumidores deberemos renunciar a ser precisos en el potencial interés de cada uno de ellos..

- Para una estrategia de visitas necesitaremos un mayor nivel de afinidad con el objetivo de aumentar la probabilidad de que el receptor del mensaje se interese por nuestro mensaje y haga clic en nuestro anuncio para visitar el *site*.

- Para una estrategia de generación de *leads* será necesario un nivel de afinidad superior, ya que deberemos ser mucho más cuidadosos al seleccionar los medios y soportes para nuestra comunicación ya que los consumidores no interesados no querrán dejarnos sus datos.

- Para una estrategia de captación de clientes será necesario un nivel de afinidad muy superior, si no queremos que gran parte de esos impactos publicitarios recaigan sobre consumidores no interesados y, por tanto, sin posibilidad de convertirse en clientes en este momento..

- Por último, para una estrategia de rentabilidad, será imprescindible un nivel altísimo de afinidad que evite pagar por impresiones o visitas de consumidores que realmente no tengan interés en realizar un gasto instantáneo y de importe razonable como para aportar margen suficiente para cubrir el coste de la campaña.

Cuadro 5.1 De la estrategia a la táctica

Objetivos

De la estrategia a la táctica

Branding

Tráfico

Leads

Ventas

Rentabilidad

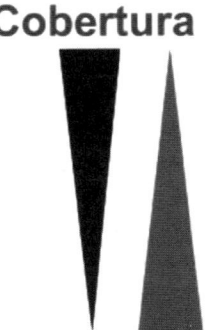

Vamos a explicar un poco más todo esto con un símil entre un cazador y el director de marketing responsable de definir la campaña.

Ambos quieren cazar, el primero patos salvajes y el segundo, consumidores; cuantos más mejor y del modo más eficiente posible, es decir, consumiendo el menor número de recursos por pato derribado/consumidor alcanzado. Para completar nuestro ejemplo vamos a definir como universo (o mercado) una bandada de patos donde existen muchos patos rojos, un número medio de patos grises y un número muy bajo de patos azules.

Supongamos que el cazador quiere cazar patos rojos. En este caso deberá buscar la herramienta más indicada para derribar el mayor número de patos objetivo por disparo. Aunque el tiro sea poco preciso, la probabilidad de que el derribado sea un pato rojo será muy alta. Para este trabajo no necesitará ni un rifle muy preciso ni un tirador muy experimentado. Se trata de disparar mucho y «al bulto».

Definamos un segundo escenario donde el cazador debe derribar el mayor número posible de patos grises y, como antes, buscando la máxima eficiencia. En este caso será necesario afinar un poco más. Probablemente requerirá mejores rifles y tiradores algo aventajados que deberán apuntar un poco más tratando de disparar a las zonas donde vean mayor concentración de patos grises.

Por último, si el cazador tiene el cometido de alcanzar de manera eficiente al mayor número posible de patos azules deberá emplear tiradores y rifles más precisos aún. Se requerirá apuntar casi uno a uno ya que, en caso contrario, el tiro tendrá gran probabilidad de dar a un pato que no interese.

En el primer caso, el cazador busca cobertura, así acabarán cayendo más patos rojos que de otros colores y podrá lograr el objetivo de que caigan muchos patos del color deseado consumiendo menos recursos por pato derribado, a pesar de haber empleado más balas, rifles y tiradores que en el segundo y tercer caso. En cambio, en el tercer supuesto, el cazador deberá emplearse a fondo buscando afinidad para evitar consumir recursos derribando patos que no le interesan.

De igual modo, el director de marketing deberá establecer según su estrategia si necesita mucha precisión y por tanto afinidad o, por el contrario, si necesita cubrir una gran cantidad de «piezas» y lo que necesita es amplia cobertura. En el primer caso, deberá seleccionar herramientas que le permitan localizar e impactar en usuarios con gran posibilidad de estar interesados, mientras que en el segundo deberá seleccionar herramientas más masivas y por tanto imprecisas. La primera estrategia suele implicar un alto coste por impacto; la segunda, lo contrario.

3. La segmentación

El siguiente paso es definir el público objetivo de entre nuestro consumidor *target*[2]. Público objetivo de la comunicación es aquel subconjunto del universo que consideramos debe ser impactado por nuestra campaña. En el ejemplo del cazador, el público objetivo se correspondería con el color de los patos. Para un director de marketing, se trata del conjunto de personas a las que desea dirigir su mensaje del total de la población.

Como ya hemos comentado, el objetivo de definir un público objetivo es delimitar el perfil de nuestro consumidor *target* de modo que exista el máximo encaje posible con nuestra oferta. Se trata de hacer un segmento del universo total de consumidores donde tenemos más probabilidad de que se encuentre el que está dispuesto a adquirir lo que nosotros vendemos. Por ejemplo, si vendemos tablas de surf, nuestro consumidor *target* será todo aquel que practica con una cierta regularidad este deporte. En este caso, podemos definir nuestro público objetivo como hombres de entre 18 y 30 años que residen en lugares próximos a la costa. ¿Esto quiere decir que no hay mujeres u hombres maduros que hacen surf y por lo tanto son posibles *targets* para nosotros? Por supuesto que no, lo que pasa es que por experiencia —o mejor, por estudios de mercado— sabemos que la inmensa mayoría de los que pueden estar dispuestos a gastar 400 euros en una de nuestra tablas son aquellos que buscan olas con regularidad y, en un porcentaje muy alto, encajan con el público objetivo determinado. Si definimos mal nuestro público objetivo (por ejemplo hombres y mujeres de entre 30 y 50 años) el resultado será que derribaremos menos patos por bala o recurso de comunicación empleado y, por tanto, seremos menos eficientes.

Los criterios de segmentación pueden ser muy diversos pero, en general, podemos decir que a mayor necesidad de afinidad, más precisa deberá ser esa segmentación y, por tanto, más criterios deberemos emplear. Podemos diferenciar cuatro tipos de criterios a la hora de segmentar.

- **Sociodemográficos:** son los más habituales. Los más relevantes son:

  - **Sexo**. Es un criterio de segmentación bajo y aplicarlo suele generar subconjuntos del universo amplios. Es el caso de los patos rojos de nuestro ejemplo.

  - **Edad.** Muy similar al anterior. Definir un rango de edad es un criterio muy habitual pero, aunque segmenta un poco más, sigue dejando públicos objetivos amplios por lo que sigue siendo un criterio de segmentación bajo.

  - **Población o tipo de hábitat.** Grandes urbes, pequeños núcleos urbanos o rurales... En este caso el subconjunto será muy inferior. Estamos ante un criterio de segmentación media, como el de los patos grises.

  - **Situación familiar.** Solteros, casados, con más o menos hijos a su cargo.

  - **Nivel educativo o socio cultural.** Sin estudios, estudios primarios, secundarios, universitarios o postgrado. También es muy habitual segmentar sobre un rango de ingresos medios del hogar. Al igual que el anterior, se trata de un criterio de segmentación media.

- **Afinidades:** características del individuo que lo diferencian de otro semejante por características sociodemográficas. Son elementos más personales que los anteriores. Aquí estamos afinando mucho y el subconjunto será más reducido. Los criterios más habituales son:

  - **Aficiones.** En nuestro ejemplo de la tabla de surf podemos segmentar en función del interés por los deportes o por las actividades acuáticas... Un criterio de segmentación alto y, en el caso del cazador, ese segmento estaría formado por los patos azules.

  - **Hábitos de vida y consumo.** Utilizamos criterios basados en el modo de vida. Por ejemplo gente que trasnocha, que va o no a la compra o que ve con regularidad cierto tipo de programas.

- **Motivaciones:** son los criterios que guían el comportamiento de la persona. Los elementos que, de hecho, hacen que tome una decisión u otra. Algunos de los más habituales son:

  - Ganar dinero: se prima todo aquello que ayuda a conseguir más ingresos como el trabajo o gastar poco.

  - Reconocimiento público: se desarrolla el ego individual y lo que más motiva es conseguir una amplia y buena reputación.

  - Conservar la salud: se prima todo aquello saludable.

  - Conseguir afecto o sexo: se prima lo que facilita conseguir relaciones.

- **Valores:** creencias de la persona que le llevan a calificar ciertos comportamientos como adecuados o no. Los más habituales son:

- Materialismo frente a humanismo/espiritualidad: en el primer caso se prima el interés individual por obtener buenos niveles de calidad de vida y ostentación con respecto a conseguir el bien común.

- Eficiencia práctica frente a respeto al medioambiente: se prima la relación coste-beneficio explícita en lugar de la sostenibilidad a medio y largo plazo.

- Fanatismo frente a tolerancia. Se priman las convicciones individuales sin respetar el pensamiento distinto.

Cuanto más bajamos en la lista más complicado es segmentar, ya que las características relativas a las afinidades son mucho más complicadas de conocer de la persona, pero las motivaciones y los valores son elementos internos extremadamente complicados de conseguir. Sin embargo, cuando más abajo se está en la lista, más pesan en la toma de decisiones. Es paradójico que los criterios más interesantes y valiosos son los más complicados de conocer. Decimos pues que los criterios de segmentación sociodemográficos son criterios de segmentación bajos, en especial el sexo y edad. En cambio, las afinidades, motivaciones y valores son criterios de segmentación muy altos o altísimos.

Cuadro 5.2 Cómo definir el público objetivo: segmentación

Criterio	Segmentación
Edad	Baja
Sexo	Baja
Población	Media
Nivel socio cultural	Media
Aficiones	Alta
Hábitos de vida y consumo	Muy Alta

Como es lógico, cuando nuestro objetivo es conseguir cobertura podremos definir públicos objetivos amplios y utilizar criterios de segmentación bajos. En cambio, cuanto más nivel de afinidad precisemos, será necesario establecer criterios de segmentación más altos a la hora de definir el público objetivo. Por analogía, para una campaña de *branding* (alta cobertura) no será necesario definir públicos objetivos con un grado de segmentación muy alto. En cambio para estrategias de rentabilidad será preciso una segmentación muy alta con el objetivo de que el subconjunto de receptores de la campaña tenga una altísima probabilidad de ser *target* de nuestro producto o servicio.

Cuadro 5.3 Relación entre estrategia de comunicación y cobertura-afinidad

Estrategia	Objetivo	Segmentación
Branding	Cobertura	Baja
Tráfico	Cob. – Afi.	Media
Vtas. – Sol.	Afi. – Cob.	Alta
Rentabilidad	Alta Afin.	Muy Alta

En realidad, hasta aquí, pocas diferencias podemos encontrar entre el marketing digital y el tradicional. En efecto, la mercadotecnia en internet no es más que un caso especial de comunicación comercial que se realiza en un medio de características diferentes a las de otros. Las diferencias relevantes las vamos a encontrar en cómo lograr nuestros objetivos y no tanto en los objetivos en sí mismos. Con demasiada frecuencia, este proceso se olvida o se simplifica sobremanera por analogía con las planificaciones de medios masivos tradicionales, que ofrecen muchas menos posibilidades de trabajo y por tanto de seleccionar objetivos y establecer niveles de segmentación más precisos.

Lo que sí caracteriza a este medio y le diferencia con respecto a otros soportes de mensajes publicitarios, es la interactividad. Esta relevante característica ocasiona que pueda ser usado con mayor precisión y rentabilidad para hacer campañas de marketing o venta directa lo que hace que sean más habituales las campañas que tienen como objetivo captar clientes, vender u obtener rentabilidad inmediata. Como suele suceder, mayor potencia implica mayor necesidad de precisión. En este caso, a la hora de definir los objetivos y público objetivo.

4. El *buyer* persona

Como hemos visto, definir el público objetivo puede ser muy sencillo o muy complejo. Cuando necesitamos alcanzar altos grados de afinidad en la definición del *target* nos encontramos con el problema de que es difícil encontrar el modo de impactar en los segmentos escogidos. Esto se debe a que el consumidor raramente revela de forma explícita este tipo de información. En ocasiones ni siquiera las propias personas son capaces de exponer sus valores y motivaciones de forma explícita. Sin embargo, son estos criterios los que más nos ayudan a conocer al potencial comprador. Lo que es seguro es que los criterios tradicionales de segmentación en marketing (edad, sexo, hábitat y clase social) no son suficientes para conocer al consumidor y determinar el público objetivo con precisión suficiente.

En el contexto actual y con las posibilidades de segmentación de campañas que ofrece el marketing digital, se hace necesario entender mejor al consumidor y definir las características de nuestro público objetivo en base a parámetros por tradición irrelevantes que se adentran en el terreno de los últimos criterios de segmentación (hábitos, motivaciones y valores). Para poder lograrlo debemos utilizar otras técnicas de segmentación. De entre ellas destaca el *buyer* persona.

La técnica del *buyer* persona trata de empatizar con el posible público objetivo para llegar a esos espacios más privados donde se sitúan los criterios de segmentación comentados. Para definir un perfil de *buyer* persona primero debemos ponerle nombre e imagen si es posible. Explicar cómo es con detalle, no solo desde la perspectiva sociodemográfica sino explicando cómo se comporta, qué le preocupa, qué le motiva y qué valores inspiran sus decisiones. Debe, por tanto, llegar hasta este nivel de definición. Sin olvidarnos de los criterios tradicionales de segmentación, a través de un análisis más «humano», profundizamos en otros aspectos que hoy en día sí es posible conocer por la actividad que las personas desarrollan en internet, sobre todo en las redes sociales.

El *buyer* persona debe incluir los siguientes puntos.

- Características sociodemográficas: sexo, edad, hábitat (urbano, rural, indistinto, suburbios, centro de ciudad...).

- Situación familiar: solteros/as, casados/as, divorciados/as... ¿Tiene hijos? ¿Cuántos? ¿De qué edad aproximada? No es lo mismo hijos pequeños que adolescentes o jóvenes en proceso de emancipación.

- Situación laboral: tipo de trabajo que tiene y sus motivaciones hacia el mismo. ¿Trabaja mucho? ¿Su trabajo es importante o solo un modo de ganarse la vida?

- Aficiones: qué cosas le gustan. A qué dedica el tiempo libre.

- Cómo es su día a día: ¿Madruga? ¿Cómo se desplaza? ¿Llega tarde a casa? ¿Se acuesta tarde o temprano?

Empezamos con la información más íntima.

- ¿Qué necesidades tiene?

- ¿Qué le preocupa?

- ¿Cuáles son sus principales retos?

- Motivaciones:

- Positivas: cosas que le gustan, que le ayudan a tomar una decisión a favor.

- Negativas: cosas que desprecia, no le gustan y le llevan a rechazar productos o comportamientos.

- Valores que guían sus decisiones. No siempre tienen que ser valores «positivos» pero habitualmente sí lo son. Por ejemplo un valor puede ser el reconocimiento social, que puede ser positivo o negativo si la imagen prima por encima del motivo del reconocimiento como podría suceder en un participante en un *reality show*.

El *buyer* persona se debe completar con la información de los medios que consume y las redes sociales en las que es activo/a. Esto suele ser sencillo si se ha profundizado bien y definido un perfil completo. Por ejemplo, si vive en los suburbios y se desplaza en coche, es muy probable que escuche la radio por las mañanas. Si le gusta el diseño es muy posible que siga Pinterest y casi seguro sea activ@ en Instagram.

Toda esta información nos permitirá:

- Empatizar con la persona de un modo que entendamos mejor sus necesidades y motivaciones a la hora de decidir entre nosotros y nuestros competidores.

- Definir mejor los mensajes que serán más efectivos para llamar su atención y desencadenar la compra.

- Conocer dónde serán más efectivos los mensajes publicitarios y las acciones de marketing digital.

- Entender mejor los espacios y valores donde debemos estar lejos y evitar que se nos pueda asociar. Por ejemplo, si se trata de padres de chicos adolescentes preocupados por la educación de sus hijos, será mejor huir de asociarnos a personajes o actitudes peligrosas o poco saludables como fumar o beber en exceso.

Cuadro 5.4 Ejemplo de *buyer* persona

CRISTINA MORENO
PROFESIONAL DEL MARKETING

Cristina es Account Manager en una Agencia de Marketing Online. Tiene 40 años y lleva una vida activa y una dieta sana y equilibrada. Le gusta jugar al padel, pero también tomarse una cerveza con sus amigos. Antes de la llegada del verano le gustaría perder un par de kilos, por lo que está buscando un tratamiento que le ayude a cumplir su objetivo en un par de meses.

 Tiene 40 años y lleva un estilo de vida activo y saludable y cuida su alimentación.

 Es Account Manager en una Agencia de Marketing Online.

 Vive con su novio en un piso en el extrarradio de Madrid.

 Quiere perder un par de kilos antes de la llegada del verano. Está en plena 'operación bikini'.

 Tiene un salario bruto anual de 20.000 euros.

 El principal reto de Cristina es sacar tiempo para poder compaginar su vida profesional y social y cumplir sus objetivos.

PARTE 2

DISEÑO Y PLANIFICACIÓN DE CAMPAÑAS

ESTRATEGIA DE COMUNICACIÓN

6

En la primera parte de este libro, hemos tratado todas las reflexiones y trabajos previos que hay que abordar para hacer un PMD con éxito, desde definir por qué nos van comprar (USP), definir nuestros objetivos, entender quién y cómo es nuestro público objetivo y hasta determinar con qué mensajes nuestros impactos serán más efectivos. Llegado este punto toca ponerse manos a la obra. ¿Qué podemos hacer para impactar a nuestro público objetivo y lograr desencadenar el objetivo previsto[1]? Esta es la pregunta que debemos tratar de responder en esta segunda parte donde abordaremos y profundizaremos en los medios y herramientas que nos permitirán hacer llegar nuestros mensajes y lograr nuestros objetivos. ¡Manos a la obra!

Hemos visto antes que el reto de conocer al consumidor y definir el público objetivo se ha complicado mucho. Si bien los criterios de segmentación tradicionales siguen siendo necesarios, sabemos que quedarnos en esta capa es totalmente ineficiente en el marketing digital si queremos ser eficaces y eficientes en nuestras campañas. Al final, hacer un campaña consiste en definir qué mensajes hay que poner y dónde para conseguir la atracción y persuasión necesaria para seducir al potencial cliente y acompañarle hasta la venta del producto.

1. Detección de *insights*

Sabemos que las personas somos seres complejos. Tenemos necesidades jerarquizadas, muchas veces no reveladas de forma explícita. Esto implica que la necesidad de conocer al potencial cliente debe basarse en un proceso de investigación que vaya más allá de lo que las personas cuentan o dicen que les interesa. En este contexto, las técnicas de investigación de mercados tradicionales se suelen quedar cortas, y en ocasiones, incluso llevarnos a confusión. Es importante entender lo que motiva las decisiones de nuestro público objetivo por encima de lo que nos pueden llegar a decir de forma explícita.

El comportamiento y las motivaciones reales de las personas son como un iceberg[2]. Solo un parte pequeña del mismo puede ser inferido con facilidad. El resto permanece oculto para las empresas y marcas. Conocer la parte «oculta» de nuestro *target* es el reto que nos ayudará de forma efectiva a conseguir nuestro objetivo. A toda esa parte desconocida de los clientes le llamamos *insights* y nuestro gran reto será conocerla, al menos al nivel necesario para tomar las decisiones correctas.

> «Los *insights* son los aspectos ocultos de la forma de pensar, sentir o actuar de los consumidores que generan oportunidades de nuevos productos, estrategias y comunicación accionable para las empresas», Tristán Elósegui.

Decimos, por tanto que los *insights* de nuestro público objetivo los constituyen todas aquellas informaciones sobre su comportamiento, gustos, necesidades, aficiones, preocupaciones, motivaciones y valores que guían su comportamiento en el mercado a la hora de tomar decisiones de consumo y que no son necesariamente revelados de forma explícita. Se trata por tanto de información no revelada, a menudo inconsciente, que si somos capaces de averiguar y aprovechar nos da una enorme ventaja y nos permite adelantarnos a nuevas oportunidades.

Cuadro 6.1 *Customer insights* **frente a información revelada**

Si tenemos en cuenta que lo que en verdad determina el comportamiento de la gente, en su mayoría se trata de factores ocultos (*insights*). En consecuencia, necesitamos encontrar técnicas de investigación diferentes a las tradicionales que solo nos pueden ayudar a conocer y entender la parte visible del iceberg. Las más relevantes son las siguientes.

- **Investigación etnográfica:** basada en las técnicas de investigación usadas en antropología, más que en las tradicionales inspiradas en la sociología. La investigación etnográfica intenta observar qué hace la gente más que preguntarles qué quieren hacer.

    Este tipo de investigación es más complejo de realizar porque esta observación debe hacerse en el entorno natural del público objetivo y, este, no debe ser consciente de que está siendo investigado. En todo caso, no debe saber cuál es el objetivo de la investigación y, mucho menos, la tesis de investigación que se busca validar o refutar. De hecho, en investigación etnográfica, en muchos casos, ni siquiera partimos de una tesis de investigación (nuestra creencia) sino que esperamos encontrar necesidades y motivaciones ocultas desconocidas *a priori*.

    Un ejemplo podría ser entender por qué los consumidores eligen un tipo de producto u otro en un lineal. La investigación tradicional llevaría a preguntar a la gente que cumple el perfil sociodemográfico del *target* por estos aspectos. La investigación etnográfica lleva a observar el comportamiento real del consumidor en el lineal.

    Siendo más concreto en el ejemplo. Supongamos que pensamos que nuestro público objetivo está preocupado por su salud y que comprueba los ingredientes de los productos que consume, de tal forma que rechaza los productos que tienen grasa de palma en sus componentes. La investigación tradicional nos llevaría a hacer una encuesta en el punto de venta y la etnográfica a poner una cámara o un observador que esté pendiente del comportamiento real del consumidor. ¿Realmente este mira los ingredientes y acepta o rechaza productos por sus ingredientes o sus calorías? Nos podríamos encontrar con la paradoja de que en las encuestas un porcentaje elevado de la gente nos dice que sí le preocupa el tema, que no compra productos altos en grasas saturadas y, sin embargo, la observación nos muestre que no es así y que muy pocos son los que realmente hacen eso. De igual modo podría suceder lo contrario, la mayoría de las personas nos dice en la encuesta que no lo hace pero luego realmente sí comprueba y decide qué comprar por los ingredientes del producto.

Esta divergencia entre los resultados que la investigación tradicional y el comportamiento real muestran, se puede deber a múltiples factores como son el desconocimiento que muchas veces tenemos de nosotros mismos y de nuestro comportamiento debido a la diferencia entre lo que somos y lo que nos gustaría ser. En otros casos, puede ser que al entrevistado le dé vergüenza revelar al entrevistador un comportamiento no políticamente correcto. Sea un motivo u otro, lo que está claro es que lo que nosotros necesitamos saber es lo que hace de verdad el potencial cliente, no lo que dice que hace. En ese sentido estas técnicas de investigación son más complejas pero mucho más efectivas.

- *Customer development:* es mejor probar que funciona que investigar o preguntar. El *customer development* trata de desarrollar prototipos para ponerlos a interactuar en el mundo real con los potenciales clientes para ver cómo se comportan estos y qué es lo que realmente quieren y valoran. Estos prototipos pueden ser desde piezas de comunicación hasta productos reales totalmente operativos. Lo importante de un prototipo es que el potencial cliente interactúe de forma libre con él en el mercado para observar su comportamiento y si se produce el comportamiento deseado.

Para desarrollar un prototipo, por ejemplo, se puede poner a la venta un servicio que todavía no se puede prestar pero se simula como si fuese real y se pone a la venta al precio que pensamos que sería adecuado posicionarlo. Si la gente lo reserva y compra, es que estamos en lo correcto. Siendo más concreto en el ejemplo, supongamos una escuela de negocio que desarrolla un programa y lo pone a la venta en una web y observa cuánta gente pide información y cuánta se interesa realmente en el programa hasta el punto de estar dispuesta a matricularse. El programa puede no existir pero, si la respuesta del mercado es positiva, se podrá desarrollar ya sobre seguro.

También se puede desarrollar un prototipo para cosas más sencillas. Una web que va variando los mensajes y busca optimizar cuál es que consigue captar la atención del usuario y logra que se registre. Por ejemplo un concesionario de coches que busca conseguir gente que quiera hacer una prueba de un nuevo modelo de coche, va variando el diseño de su web y los mensajes de reclamo que coloca hasta que encuentra el que optimiza el número de peticiones con respecto a las visitas efectivas.

Estas técnicas de investigación nos ayudan a entender de un modo más pragmático si nuestros productos o ideas enganchan con ese consumidor complejo. La detección de *insights* de nuestros potenciales clientes es uno de los grandes retos que debemos afrontar y, para ello, debemos apoyarnos en técnicas de investigación diferentes a las tradicionales de investigación de mercados que, si bien nos pueden ayudar, se muestran insuficientes en la mayoría de los casos para revelarnos esas motivaciones más íntimas de las personas.

2. Posicionamiento

Conocer bien al cliente es un paso necesario si queremos persuadirle de que nuestra oferta es la mejor para él/ella. Conocer al potencial cliente implica llegar a entender los factores y elementos que van a determinar sus decisiones, para lo que tenemos que investigar y detectar los *insights.* El objetivo de esta etapa es tener claro qué tipo de mensajes y espacio de comunicación podrá movilizar la decisión de compra haciendo nuestra oferta «irresistible». A este proceso le llamamos posicionamiento.

«El posicionamiento es una estrategia comercial que pretende conseguir que un producto ocupe un lugar distintivo, relativo a la competencia, en la mente del consumidor. (...) De esta manera, lo que ocurre en el mercado en relación con el producto es consecuencia de lo que ocurre en la subjetividad de cada individuo en el proceso de conocimiento, consideración y uso de la oferta. De allí que el posicionamiento hoy se encuentre estrechamente vinculado al concepto rector de propuesta de valor, que considera el diseño integral de la oferta, a fin de hacer la demanda sostenible en horizontes de tiempo más amplios», según la Wikipedia[3].

El posicionamiento consiste en encontrar los valores y atributos que debemos lograr «ocupar» en la mente de consumidor como marca o con nuestros productos. Con frecuencia se utiliza también la expresión «espacio de comunicación». El objetivo es ocupar ese espacio en la percepción del *target* para que cuando un potencial cliente piense en esos valores y atributos, piense de forma automática en nosotros. Pongamos un ejemplo. Si pido que me digan una marca de electrónica y *smartphones* que se caracterice por la innovación, ¿cuál diría? Un porcentaje altísimo de la población diría Apple. En este sentido los de Cupertino han hecho muy bien su trabajo. En realidad es poco relevante si Apple innova mucho o poco. Ellos no inventaron nada, solo mejoraron de forma sensible y popularizaron los inventos de otros. ¿Es eso innovación? Cuanto menos es discutible pero, en el fondo es irrelevante... Lo relevante es que se han «posicionado» con fuerza en ese espacio para la mayoría de la población. Si dices Apple todo el mundo piensa en innovación, diseño y sencillez de uso. Eso es un buen posicionamiento.

Otros posicionamientos hábilmente logrados con años de trabajo son:

- Volvo: seguridad.
- Coca-Cola: felicidad.
- Banco Santander: solvencia.
- Miele: robustez y solidez técnica.

- Ferrari: deportividad.
- Mercedes: lujo.
- Ryanair: precios bajos.
- Mercadona: calidad al mejor precio.
- El Corte Inglés: servicio al cliente.
- Zara: diseño al mejor precio.
- Prada: lujo.
- Tous: diseño y elegancia.
- Chanel: lujo y sofisticación.
- Agatha Ruiz de la Prada: diseño inconformista.

Podríamos continuar con una larga lista de marcas que han conseguido ocupar un posicionamiento relevante y son reconocidas dentro de ese espacio por sus públicos objetivos. Lograr ocupar un espacio con nombre propio puede ser costoso y llevar mucho tiempo. Pero, en todo caso, tenemos que tener claro que si el potencial comprador no nos sitúa en un espacio de valores y atributos interesantes y apetecibles será muy complicado convencerle de que se gaste su dinero o emplee su tiempo con nuestros productos. Al fin y al cabo, hay mejores cosas que hacer con el tiempo y el dinero y no conozco a nadie que le sobren.

3. Definición del mensaje: modelo AIDA

Una vez conocido el potencial cliente debemos decidir con qué mensaje será más probable captar su atención. Conseguir la atención de la gente es algo muy complicado y es el primer y más duro campo de batalla. Si el potencial nunca nos presta atención nunca se enterará de que existimos y lo que podemos ofrecerle. Si no se entera de lo que tenemos para él/ella, nunca nos comprará.

Captar la atención es complicado por la inmensa competencia que tenemos por ese valiosísimo tiempo de las personas. Lo cierto es que internet ha exacerbado esa dificultad debido a que la gente tiene muchas más alternativas interesantes para su tiempo. En internet podemos aprender, entretenernos, conversar, ligar, compartir fotos o vídeos con nuestros amigos o familiares, comprar lo que queramos, informarnos... La lista es interminable. ¿Por qué alguien querría dedicar su valioso tiempo a prestarnos atención con tantas alternativas interesantes? La respuesta no es sencilla pero es en definitiva lo que buscamos.

Nuestros mensajes deben ser efectivos para lograr el primer hito de todo el proceso que debe conducir a la venta. Para ayudarnos a dilucidar si nuestros mensajes pueden ser o no efectivos podemos usar el modelo AIDA. Esto es lo que deben generar:

- Atención: qué le interesa, preocupa, motiva o repulsa a nuestro *target*. Esto deberíamos saberlo si hemos hecho bien nuestros deberes recogidos en los pasos anteriores. El mensaje debe ser muy claro y fácil de identificar, tanto si es sutil como directo. El mensaje debe poderse captar de un primer vistazo, no tras una lectura sosegada de la información disponible. Si esperamos lo segundo lo más probable es que nuestro potencial nunca se llegue a enterar de lo que le podemos ofrecer. Muy posiblemente abandone su atención antes de haberlo logrado.

  Debemos utilizar todos los recursos posibles para este fin: imágenes, vídeos, textos o piezas interactivas cuyo objetivo es retener la atención del potencial comprador el tiempo de calidad suficiente como para poder transmitirle nuestra USP. Captamos la atención como paso necesario, que no suficiente para poder vender.

- Interés: al fin y al cabo, llamar la atención de la gente puede llegar a resultar sencillo. Seguro que a todos se nos ocurren multitud de ejemplos que dejo a la imaginación del lector de cómo hacer un mensaje que de forma inevitable nos llame la atención. Sin embargo, el objetivo no es solo llamar la atención, sino que es necesario generar interés real en torno a nuestra oferta.

Ejemplo de un mensaje llamativo que es probable que llame la atención pero poco probable que genere interés real en el producto.

En ese sentido los mensajes deben ir orientados a poner en valor la USP, no olvidemos nunca que al fin y al cabo este es el motivo por el que nos comprarán si logramos nuestro objetivo. No es necesario el detalle, lo importante es que el mensaje principal quede explícito de forma inmediata. Por ejemplo, si tenemos los precios más bajos del mercado lo resaltamos a un primer vistazo. Si, en cambio, somos capaces de servir el pedido en tiempo récord con respecto a nuestros competidores este es el mensaje que se debe ver primero.

- Deseo: hemos comentado de manera reiterada que los seres humanos somos mucho menos racionales de lo que queremos pensar. Generar interés es un paso necesario una vez más pero insuficiente para vender. Además debe existir deseo de poseer el producto o de disfrutar el servicio. No basta con mostrar de forma «racional» los factores que componen nuestra USP sino hacerlo de un modo que desencadene el deseo inmediato de hacer la compra. Por ejemplo, si nuestra USP es que podemos servir un pedido en una hora, es mejor lanzar un mensaje del estilo de «Disfrútalo en tu casa esta misma tarde» que «Entrega en 60 minutos». La información es la misma pero el primer mensaje es más poderoso porque evoca una situación que puede ser muy deseable.

- Acción: todo mensaje de marketing digital debe estar diseñado para generar una acción que suponga seguir adelante en el proceso de compra. Puede ser desde luego un botón de finalizar comprar pero también puede ser una llamada al clic o al registro para obtener más información. Decimos que las campañas de marketing digital deben estar orientadas a un *call to action*[4] que invite al usuario a que preste atención, genere interés y desee el producto al realizar la acción planificada en nuestro diseño de campaña.

4. La creatividad en el entorno digital

El mensaje siempre debe estar orientado a motivar y provocar la acción que tenemos planificada dentro de nuestro ciclo de venta. Para ello debemos tener en cuenta nuestra USP pero, sobre todo, aquello que sabemos de nuestro potencial cliente. Si le conocemos bien huiremos de aquellos mensajes y elementos que le puedan generar rechazo y nos apoyaremos en aquellos espacios y valores que estén más acordes con sus motivaciones y valores. Aquí es donde entra en juego la creatividad publicitaria que tratará de apoyarse en los recursos disponibles: imagen, vídeo, texto y, aunque menos habitual, sonido para conseguir desencadenar la acción deseada (clic, *lead*, venta).

Desarrollar buenas creatividades es algo que por tradición se ha considerado un don que solo algunas personas poseían. Ser capaz de transmitir de modo más o menos sutil pero directo el objetivo y que se recuerde el mensaje es un reto complicado cuando competimos en cada minuto con decenas, cientos o miles de mensajes que buscan el mismo objetivo. La saturación publicitaria ha provocado que el valor de la creatividad que te permite resaltar entre todos los demás sea necesaria y, por tanto, muy valorada.

Sin embargo, conseguir una buena y adecuada creatividad debe seguir un proceso que parte de toda la información generada en los pasos anteriores. El proceso creativo debe:

- Recoger la información adecuada sobre el producto, en especial su USP. Debemos poner de manifiesto qué nos hace diferentes y, en definitiva, el motivo por el que el público objetivo nos debe elegir de entre las otras múltiples opciones.

- Conocer bien al potencial cliente. Quién es, qué le preocupa, qué le motiva, qué valores sostiene. Esto lo debemos conocer a través del *buyer* persona, ya que no nos vale quedarnos en la capa superficial de lo sociodemográfico.

- Tener un sentido estético y práctico que logre transmitir el mensaje de forma acorde a los valores de la marca sin generar contradicciones cognitivas que se producen cuando el mensaje explícito dice algo pero el implícito (no verbal) dice algo por completo diferente. Por ejemplo el color rojo se asocia a agresividad, emoción, deportividad, osadía. Sería absurdo intentar transmitir una creatividad sobre una fórmula de fitoterapia para ayudar a relajarse y controlar el sueño con una creatividad donde prime el color rojo o con una imagen de alguien en una montaña rusa.

- Cumplir con la legislación y regulación aplicable en cada caso. Por ejemplo si se trata de un medicamento o un viaje, debemos respetar unas normas.

- Por último, pero no menos importante, ser socialmente responsable. De manera continua vemos marcas que deben pedir disculpas porque sus mensajes publicitarios han sido de mal gusto y han resultado ofensivos a diversos colectivos. Por ejemplo, Ryanair ha utilizado de forma habitual este tipo de mensajes carentes de todo tacto. Su efectividad es un tanto dudosa en la medida en que la marca acaba «encarnando» esos valores no deseables que le pueden pasar factura en cualquier momento. No conozco a nadie que le «caiga bien» Ryanair. Mucha gente sigue comprando sus billetes porque son más baratos que los de sus competidores pero lo hacen con un cierto desagrado aunque también hay otros consumidores que han decidido hace tiempo no volver volar con esta aerolínea.

En todo caso, la creatividad es algo difícil de calificar y medir. ¿Qué es una buena creatividad? Es paradójico que las agencias de publicidad que se presentan de forma habitual a concursos, hagan piezas creativas que luego no son apenas usadas en campañas. Su principal fin es competir en estos concursos para ganar premios. Esto puede tener sentido en el modelo de negocio de la agencia pero, en el fondo, tiene muy poco sentido práctico. Una buena campaña no es la que logra el mayor reconocimiento de otros creativos sino la que mejor optimiza el resultado final de la campaña de acuerdo a los objetivos previstos.

En la industria publicitaria tradicional era muy complicado medir la calidad creativa de una pieza respecto a otras por muchos motivos. El principal es que al final solo se ejecutaba una por lo que, al fin y al cabo, no se podía comparar con ninguna otra de forma objetiva. Además, en medios tradicionales (TV, radio, prensa, cine o exteriores) hacer una creatividad es relativamente caro y sus resultados solo se pueden medir *a posteriori,* por lo que una vez terminada la campaña, ya es poco útil saber si hubiese sido más efectiva otra creatividad. Sin embargo en marketing digital las cosas cambian bastante.

En marketing digital es mucho más sencillo evaluar la calidad de una determinada creatividad con respecto a otras posibles. En ocasiones incluso cientos de posibilidades diferentes. En primer lugar porque en la mayoría de las ocasiones (no todas) el coste de producción de la pieza es muy inferior. En segundo lugar, porque en este medio podemos medir en tiempo real con bastante más precisión comparando los resultados que genera una u otra. Por último, la gestión de campañas *online,* en la mayoría de las ocasiones, nos permite realizar cambios en tiempo real para optimizar los resultados. De este modo, no es tan necesario como en el entorno tradicional «decidir» cuál es la creatividad más adecuada.

En muchas ocasiones, en publicidad tradicional, la decisión de cuál es mejor o peor creatividad recae sobre directivos o personal de agencia que no son público objetivo. Más allá de la indudable valía e intuición profesional de este tipo de personas, parece obvio que es mucho mejor que los propios resultados reales obtenidos sean quienes determinen cuál es la forma más efectiva de comunicar para lograr un determinado objetivo predeterminado. El marketing digital permite trabajar de este modo.

LAS HERRAMIENTAS DEL MARKETING DIGITAL

7

El punto de partida debe ser todo lo establecido en las fases anteriores pero no se puede olvidar que hay que tener muy claro qué es lo que quiero lograr, por qué, quién me comprará y cuál es el mensaje más adecuado. No vale de nada si no soy capaz de llegar de forma efectiva al consumidor para contárselo. El consumidor raramente se interesará por nosotros de forma proactiva, e incluso cuando lo haga, debemos poner todos los medios a nuestro alcance para que esta labor sea sencilla, rápida y efectiva. Si es ya difícil que alguien se interese por nosotros de forma proactiva, es casi ciencia ficción que esté dispuesto a buscar de manera incansable.

El objetivo por tanto de esta fase es encontrar los mejores medios y herramientas que nos permitan hacer llegar de forma eficaz (que lleguen y generen el efecto deseado) y eficiente (al menor coste posible) nuestros mensajes al público objetivo.

1. Tipos de medios y herramientas

Antes de empezar es conveniente hacer una aclaración conceptual. En muchas ocasiones, se usan las palabras medios y herramientas en el entorno del marketing digital de forma confusa y ambigua. Ciertamente, unos profesionales eligen unas denominaciones y, otros, otras para lo mismo, lo que de manera inevitable causa confusión, sobre todo para el que está aprendiendo. Pero qué se le va a hacer, esto no lo vamos a poder evitar. Desde un punto de vista práctico (huyendo de estériles discusiones conceptual-semánticas) en este libro utilizaremos la siguiente terminología:

- Herramientas: técnicas de marketing *online* que nos permiten hacer llegar nuestros mensajes al público objetivo (propios, pagados y ganados).

- Medios: conjunto de herramientas con características comunes (buscadores, redes sociales).

- Soluciones: caso concreto de herramienta particular, normalmente de una empresa, que puede ser usada para hacer nuestro trabajo efectivo (Google AdWords, Google Analytics, Sales Force, Facebook editor, WordPress, SEM Rush).

- Medios de comunicación: son casos concretos de espacios de comunicación donde podemos «encontrar» público objetivo para lanzar nuestros mensajes. (*elpais.com, elmundo.es, marca.com*).

No pretendemos con esta clasificación entrar en polémica ni desautorizar otras formas de dar nombre y referirnos al marketing digital, pero desde un punto de vista práctico es necesario tomar un punto de partida común y entendible por todos. Así que este libro ha adoptado esta forma de nombrar a los elementos del marketing *online* como podría haber sido otra igualmente válida. Es habitual que muchos profesionales del marketing digital, a lo que hemos llamado soluciones, lo denominen herramientas y a lo que hemos llamado herramientas lo nombren como medios.

Nos centramos primero en los medios. Aquellas agrupaciones de herramientas con ciertas características en común que aconsejan un modo de usarlas y sacarles similar partido. Los principales medios son:

- Propios: lo constituyen aquellas herramientas que están bajo nuestro control y supervisión. En estos medios nosotros decidimos qué pasa: qué se publica, cuándo, con qué formatos y creatividades. Los medios propios son extraordinariamente importantes porque suelen ser la referencia principal y donde, casi siempre, acaba teniendo lugar la acción que supone conseguir el objetivo. Por ejemplo, son medios propios nuestra tienda *online*, nuestra web, nuestro blog o nuestros perfiles en redes sociales.

- Pagados: son aquellas herramientas donde podemos aparecer y utilizar para hacer llegar nuestros mensajes al público objetivo previo pago. La importancia de este tipo de medios está en que nos permiten controlar el volumen con cierta precisión. Eso sí, si tenemos el presupuesto adecuado y estamos dispuestos a invertirlo. Los medios pagados nos pueden permitir crecer con rapidez con independencia de los otros dos tipos de medios (propios y ganados) que no podemos controlar a nuestro antojo cómo impactan en el *target*. Por ejemplo, Google AdWords, Facebook Ads o afiliación.

- Ganados: están formados por las herramientas que no controlamos nosotros pero que podemos conseguir que hablen de nosotros, nos referencien o nos dirijan tráfico directo o indirecto. Los medios ganados no se pueden pagar y, por tanto, no se pueden controlar del todo. En muchos casos, no se pueden controlar en absoluto. Esto no quiere decir que no podamos influir y trabajar para que nos ayuden, por eso se llaman medios ganados, si hacemos bien nuestro trabajo conseguiremos importantes resultados. Estos medios son muy importantes también porque nos dan mucha credibilidad. Al ser medios de terceros donde no se puede pagar, cualquier referencia o comentario es tenida en cuenta por el potencial cliente que le otorga una gran credibilidad. Por ejemplo, perfiles en redes sociales de clientes, posicionamiento en buscadores o menciones en blogs y medios de comunicación.

Es importante recalcar que una misma herramienta puede corresponder a más de un tipo de medio ya que puede ser usada de maneras diferentes. Por ejemplo, el *eMailing* es uno de los medios propios más importante y más usado en la medida en que lo utilizamos enviando correos electrónicos a nuestra propia base de datos. Sin embargo, también puede ser un medio pagado si hacemos el envío a una base de datos de un tercero previo pago o un medio ganado si un tercero nos hace una referencia en su *newsletter* porque piensa que tenemos algo interesante que ofrecer a sus suscriptores.

Cuadro 7.1 Tipos de medios en el marketing *online*

Hay ciertas casuísticas que son difíciles de encasillar en un solo espacio según esta clasificación. Lo cierto es que se está produciendo una clara convergencia entre los distintos tipos de medios y hay un evidente efecto cruzado que ayuda a reforzar el trabajo en todos los aspectos cuando se hace bien, y a debilitarlo cuando se hace mal. Por ejemplo, un contenido corporativo de calidad (medio propio) ayudará mucho al posicionamiento orgánico en buscadores (medio ganado) y, a su vez, favorecerá el clic en los anuncios patrocinados en buscadores (medio pagado).

Entre los distintos tipos de medios hay intersecciones. Por ejemplo, que un *influencer* hable de nuestro producto es un medio ganado, pero ¿qué sucede si le hemos pagado para que lo haga? Debería estar en medios pagados pero, por su naturaleza y percepción desde el punto de vista del usuario, es un medio ganado.

Algo similar sucede cuando nuestro contenido corporativo es compartido por usuarios de manera espontánea. Es un medio ganado pero el contenido es nuestro y, en ese sentido, es un medio propio. Otro caso similar sería un contenido patrocinado.

Esto es lo que tradicionalmente llamaríamos publirreportaje y que ahora, en el entorno digital, llamamos publicidad nativa. Se trata de un contenido elaborado por nosotros pero que tiene una utilidad evidente e innegable para el consumidor. El contenido se publica previo pago (medio pagado) pero se trata de un contenido propio de calidad y útil para el cliente (medio propio).

Como hemos visto en los ejemplos anteriores, es difícil establecer una clasificación estanca. Se está produciendo una convergencia entre los distintos tipos de medios que hace complicado establecer estas distinciones. No obstante, sigue siendo interesante esta clasificación ya que nos marca diferentes caminos para conseguir nuestro objetivo (ser conocidos y reconocidos por nuestro *target*). Además nos abre un mundo de posibilidades para quien no puede o no quiere invertir en publicidad. Todos conocemos casos de marcas muy reconocidas como Mercadona o Zara que no han hecho nunca publicidad.

2. Principales herramientas del marketing digital

Entender los diferentes tipos de medios nos ayuda a organizar nuestro trabajo y a desarrollar estrategias para sacar el máximo partido de todas las posibilidades que nos ofrece el marketing *online*. Pero llegado este punto, tenemos que empezar a conocer cuáles son las herramientas en concreto que nos permitirán lograr el objetivo: llegar al público objetivo para transmitirle nuestro mensaje y que posibilite conseguir lo que tenemos previsto.

Antes de comenzar a comentar cuáles son las principales herramientas del marketing digital, es importante hacer una puntualización que nos permitirá entender ciertas herramientas y a diferenciarlas. En la práctica, todas las personas que hacen o se interesan por el marketing *online* son a su vez usuarios de este tipo de medios. Es raro encontrar a alguien que tenga interés en esta materia y que tenga un desconocimiento absoluto del medio como usuario. Esto puede parecer una ventaja, ya que en muchos casos a través de ejemplos que todos conocemos en nuestra faceta de persona que utiliza los medios digitales, nos facilita entender cuáles son las herramientas.

A pesar de lo anterior, el enfoque de este libro no es para usuarios, sino para profesionales que quieran sacar el máximo partido a las posibilidades del medio digital, bien porque trabajan para un tercero (empresa o agencia) o bien porque tienen un proyecto propio donde deben usar este tipo de herramientas. Esto implica que la visión que se da en esta clasificación de herramientas tiene que ver con el uso y gestión que podemos hacer para comunicar, lo cual no siempre concuerda o se diferencia con facilidad de lo que vemos y entendemos como usuario. Es decir, que la clasificación que recogemos aquí, contiene herramientas que como usuario es imposible conocer y, menos distinguir cuando navegamos. Por ejemplo un *banner* en una web puede ser *display*, puede ser SEM o puede ser afiliación. Dependerá del tipo de herramienta que esté usando quien hace la campaña y, *a priori*, solo por lo que vemos como usuarios sería imposible distinguir qué herramienta es la que está usando el anunciante para gestionar y hacerme llegar el *banner*. Sin embargo, para el anunciante las diferencias e implicaciones a la hora de contratar, gestionar u optimizar esa campaña serán muy notables según la herramienta usada.

Otra consideración conceptual importante para entender esta parte es conocer el rol del soporte y del anunciante:

- Anunciante es quien quiere dar a conocer sus productos para ganar clientes. Es quien espera conseguir la atención del público objetivo. Y está dispuesto a pagar por ello (medios pagados), a hacer los méritos necesarios para hacerse acreedor de una recomendación o comentario gratuito (medios ganados) o, por último, a utilizar sus propios medios con el fin de conseguir tráfico al resto de sus activos digitales (casi siempre tienda o web).

- Soporte es todo aquél que lleva a cabo una campaña en sus medios digitales. Es decir, donde se ponen los anuncios o aparece el contenido que el usuario encuentra y disfruta. Es quien ingresa dinero (no siempre) por ser el espacio que permite al anunciante llegar a contactar con el público objetivo. Los soportes son los sitios donde los usuarios están navegando y que prescriben al anunciante de un modo pagado o ganado. Un ejemplo de soporte es un diario *online*, por ejemplo *www.expansión.com*, pero también es un soporte Google o Facebook.

Cuadro 7.2 Proceso de funcionamiento de la industria publicitaria

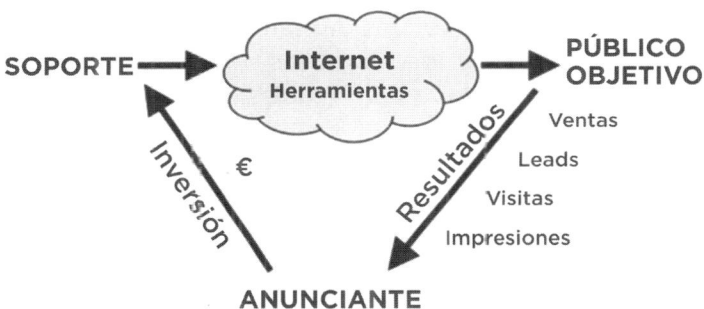

El fin en todo momento es conseguir atraer al *target* con nuestros mensajes para que el anunciante pueda conseguir sus objetivos. Para ello, los soportes generan contenidos y servicios útiles y valiosos para la gente y se financian cobrando a los anunciantes por su prescripción o mensajes publicitarios. De este modo, todos ganan: el usuario disfruta de contenidos o servicios gratis (en todo caso a un coste inferior al posible), el anunciante hace llegar sus mensajes a su público objetivo y el soporte puede desarrollar su negocio. Así funciona la industria publicitaria tanto *off* como *online*.

Las que sí cambian y de forma sustancial, son las herramientas que tenemos para lograr este objetivo del ecosistema digital al tradicional. Las principales herramientas de la publicidad tradicional son la televisión, la radio, la prensa, revistas, cine y las vallas exteriores. Las principales herramientas del marketing *online* son:

7.2.1. La web y el contenido propio. Todo el mundo sabe lo que es una web pero no todo el mundo conoce las posibilidades que los distintos tipos de web pueden ofrecernos para hacer nuestras campañas en el entorno digital. La gran particularidad de esta herramienta es que suele ser el eje vertebrador y destino final de todo el tráfico generado por el resto de herramientas. Suele ser en una web donde «sucede» el objetivo que nos hemos marcado (visita, registro o venta en la mayoría de las ocasiones).

Englobamos en este espacio no solo la web tradicional, sino todo tipo de activos digitales propios de la empresa como pueden ser los blogs, las *apps* (aplicaciones para móviles) o comunidades virtuales creadas y gestionadas por nosotros.

Nuestro contenido puede ser nuestro mejor activo y es clave en el éxito de otras muchas herramientas, casi todas. Un contenido de calidad será compartido (marketing viral) y nos ayudará a posicionarnos mejor en el resto de herramientas. El contenido también nos ayudará a que otros medios nos nombren y hablen de nosotros. Esto es lo que se conoce tradicionalmente con el nombre de relaciones públicas (PR[1]) o comunicación a secas.

7.2.2. Redes sociales. Todos conocemos las redes sociales porque rara es la persona que no las usa y mucho más quien no tiene una opinión sobre las mismas. Las redes sociales se han convertido en un espacio fundamental para la vida de las personas. En las redes sociales las personas se relacionan, se hacen amigos, se busca pareja, se enamoran, se odian, comparten pasiones, fotos, vídeos, información. En las redes sociales se busca trabajo y se buscan profesionales, y se encuentran ambos. Las redes sociales nos ayudan a estar más cerca y conectados a quien queremos pero también a estar informados y relacionarnos. Son sin duda una herramienta fundamental para el marketing *online*.

Esta herramienta la subdividimos en dos muy diferentes entre sí, a pesar de moverse ambas en el ecosistema de las redes sociales:

- SMO (*Social Media Optimization*): se trata de sacar el máximo partido al posicionamiento orgánico de nuestro contenido y perfiles en redes sociales. El objetivo es que ese contenido llegue al mayor número posible de personas de forma natural (no pagada) generando el mayor alcance posible.

- *Social Ads*: se trata de formatos y mensajes de publicidad pagada dentro de este entorno.

7.2.3. Buscadores. Al igual que la anterior, todo el mundo los conoce. El nivel más básico de uso digital es el *email* pero justo el siguiente es el uso de buscadores. Para muchas personas internet es Google. La mayoría de las personas usamos los buscadores varias veces al día para resolver todo tipo de necesidades personales, laborales y desde luego comerciales.

Esta herramienta, al igual que la anterior, la subdividimos en dos muy diferentes entre sí:

- SEO (*Search Engine Optimization*): se trata de conseguir que nuestros medios propios aparezcan en los buscadores entre los resultados de búsqueda de las palabras que nos interesan y que estén lo más arriba posible, idealmente como primer resultado de búsqueda.

- SEM (*Search Engine Marketing*): utilizamos las herramientas que nos brindan estos buscadores para colocar anuncios de pago.

7.2.4. *Display* y vídeo. Esta herramienta también es muy conocida pero ya no es tan habitual que el usuario corriente de internet le llame de este modo. El *display* son los anuncios gráficos que encontramos en una buena parte de páginas web. Los comúnmente conocidos como *banners*. Esos espacios de publicidad donde las marcas se anuncian y permiten generar ingresos a los medios de comunicación. Existen multitud de formatos y posibilidades para anunciarnos a través de *display*.

Esta herramienta es comparable al *spot* televisivo, la cuña de radio y el faldón de prensa. Al final, no se trata de otra cosa que poner un anuncio más o menos grande, más o menos dinámico... Más o menos intrusivo que los convencionales.

La evolución de internet hacia los formatos gráficos y el vídeo, hace que cada vez más el *display* evolucione al vídeo como herramienta publicitaria. Los agrupamos bajo un mismo epígrafe a pesar de sus notables diferencias en cuanto a posibilidades, porque desde el punto de vista de cómo se contratan y gestionan no son tan diferentes y siguen una lógica bastante similar. De hecho, es raro encontrar un medio de comunicación que tenga formatos *display* y no de vídeo.

En el vídeo podríamos volver a hacer una subclasificación según sea orgánico (promovemos nuestro contenido para que sea compartido y encontrado con facilidad) o publicitario, directamente pagamos por estar y ser vistos.

7.2.5. Afiliación. Esta es sin duda la herramienta más desconocida para el público en general, inclusc para la mayoría de los profesionales de esta disciplina. También es la más difícil de explicar y comprender. En esta primera enumeración nos vamos a conformar con explicar que se trata de redes de prescripción (alguien recomienda por diferentes posibles medios una web o tienda) y de retribución en función de los resultados obtenidos. Es decir, son redes de comisionamiento, donde unos prescriben y dirigen tráfico (los afiliados que hacen de soporte) y otros lo reciben y pagan por los resultados obtenidos (anunciante). Esta forma de hacer marketing digital no es percibida por un usuario que navega *online*, de ahí su complejidad conceptual. En el fondo es sencillo. Unos mandan tráfico a los anunciantes y estos pagan «comisiones» por los resultados obtenidos.

7.2.6. *Emailing.* Es sin duda la herramienta más usada y más conocida. Es raro encontrar hoy en día a alguien que no tiene o no conoce lo que es el correo electrónico. Todos los usuarios de esta herramienta sabemos lo habitual que es su uso con fines publicitarios.

Internet nos ofrece la posibilidad de utilizar muchas más herramientas —algunas complejas— que cualquier otro medio. Esto abre nuevas posibilidades de hacer llegar mensajes a nuestro público objetivo pero también presenta una mayor exigencia para los profesionales que deben conocer y dominar más elementos. Algunos de ellos con un componente técnico notable.

3. Clasificación de las herramientas por medios

Las herramientas recogidas en el epígrafe anterior son muy diversas. Para empezar a entenderlas y poder sacar el máximo partido que cada una nos puede ofrecer vamos a clasificarlas según el tipo de medio que son.

Medios pagados: son los más fáciles de identificar ya que requieren pasar por caja para poderlos aprovechar. Los más notables son:

- *Display*
- SEM
- *Social Ads*
- Afiliación
- Vídeo

Medios ganados: son los más complicados de identificar. A veces ni siquiera sabemos que están. También son los más difíciles de lograr porque no dependen solo de nosotros. Sin duda nuestra influencia es notable en la medida en que el contenido debe ser de calidad (a más calidad más se comparte y mejor se posiciona orgánicamente), pero también de que seamos activos a la hora de pedir que se comparta y se incentive este proceso. Los más relevantes son:

- SEO
- Relaciones públicas (PR)
- SMO
- Marketing viral

Medios propios: se trata de nuestros activos digitales y el contenido que somos capaces de generar. Los más importantes son:

- Webs
- Blogs
- *Apps*
- SMO: nuestros perfiles en redes sociales
- *Emailing* (a nuestra base de datos)
- Vídeo (contenido y canales propios)

Cuadro 7.3 Clasificación de las herramientas por el tipo de medio

Pagados	Ganados	Propios
• SEM • Social Ads • Display • Afiliación • Video	• SEO • PR • SMO • M Viral	• Webs • Blogs • Apps • SMO • eMailing • Video

Como hemos señalado, esta clasificación no es rígida y se está produciendo una convergencia de medios que hace más compleja esta separación, pero a pesar de lo comentado, sigue siendo una clasificación útil en la medida en que nos marca caminos diferentes de trabajo para optimizar nuestros resultados. Sin duda, lo sencillo es centrarse en los medios pagados. El resultado es inmediato y fácil de medir pero este camino no puede ser el único si queremos lograr nuestros objetivos de forma óptima.

4. Selección de las mejores herramientas

Hemos dividido las herramientas según el tipo de medio que son pero no hemos hablado de cuáles de ellas son más eficaces (logran un impacto con resultado) y cuáles son más eficientes (lo hacen a un coste rentable). ¿Se puede hacer una clasificación o ranquin de herramientas en este sentido? Si preguntamos a varios profesionales sin duda nos dirán que sí. Claramente hay herramientas más potentes (nos permiten conseguir mayores volúmenes) y más rentables (la relación coste beneficio es más favorable). Sin embargo, lo curioso es que si preguntamos a varios, todos nos dirían que sí pero nos clasificarían las herramientas de un modo diferente. El ranquin de cada profesional sería diferente...

Esto se debe a que, en efecto, no todas las herramientas son igualmente útiles y rentables pero depende mucho de qué tipo de actividad se esté desarrollando (no es lo mismo la banca que vender ropa deportiva o billetes de avión). También depende del tipo de proyecto (no es lo igual promover un producto de gran consumo que vender *online* o promover un contenido de un medio de comunicación digital). Otro factor que influye, y mucho, es el posicionamiento de la empresa (no es lo mismo lujo que *low cost*) pero también hace que una u otra herramienta sea más o menos efectiva en cuanto al público objetivo, la calidad de nuestro contenido, la oportunidad de lo que hacemos. Es decir son múltiples los factores que hacen que sea recomendable usar una u otra.

Además, si fuésemos capaces de hacer un ranquin de todas las herramientas, aunque sea solo para nuestro proyecto de forma particular, el siguiente paso lógico sería centrar todo nuestro esfuerzo y presupuesto en la herramienta más rentable. ¿Para qué vamos a gastar recursos en un subóptimo? La cuestión es que casi siempre una sola herramienta no nos es suficiente para poder conseguir nuestros objetivos, lo que nos obliga a ir a la siguiente de la lista.

Un ejemplo. ¿Tiene sentido pagar por SEM si consigo un buen posicionamiento en resultados orgánicos de la búsqueda (SEO)? Pues depende, como casi siempre, porque si ya con ese posicionamiento estoy logrando mis objetivos cuantitativos, no tendría ningún sentido pagar más. Pero ¿qué pasa si de este modo solo consigo una parte de los mismos? Me veré obligado a hacer otro tipo de acciones y, quizá, el SEM sea una herramienta adecuada. Imaginemos que tenemos una web donde vendemos las tortillas de patatas que hacemos nosotros mismos en casa. Somos capaces de «fabricar» solo 20 al día. Si a través de SEO ya logro vender todos los días todas las tortillas que hago no tendría sentido pagar, ya que no habría que hacer nada más. Pero ¿y si soy un *eCommerce* que vende productos deportivos? Mi capacidad de vender en principio es ilimitada. Atenderé todos los pedidos que me lleguen (dentro de un límite lógicamente). Por tanto me interesa promocionar mi web con medios pagados, incluso si el SEO o el SMO me están dando unos resultados fantásticos.

Otro factor a tener en cuenta es que la efectividad y, sobre todo, la eficiencia de cada herramienta no es lineal. La eficacia de las acciones que puedo realizar con una herramienta pasa por dos fases diferentes:

- Al principio, cuando la empiezo a usar en un proyecto nuevo, necesito aprender. La curva de aprendizaje me ayuda a ir mejorando los resultados de forma rápida. El marketing digital permite múltiples posibilidades y hasta que no se prueban, uno no sabe con seguridad cuáles funcionarán bien o cuáles no. En este periodo de prueba-error-acierto invertiremos dinero en acciones que, a pesar de que el sentido común, nuestra experiencia anterior o la recomendación de algún experto nos diga que deberían funcionar, realmente no sucede así. El resultado final de este proyecto es que la eficacia y eficiencia de nuestras campañas aumenta de manera considerable en un periodo relativamente corto.

- En cambio, cuando el uso de una herramienta ya está optimizado, si se quiere conseguir un mayor volumen a través de ella, requerirá empezar a invertir en acciones que no tienen tan buenos resultados como las que ya estamos haciendo, o tener que pagar más para conseguir más volumen. Una vez que el uso de una herramienta ya es óptimo, por lógica solo se puede conseguir más volumen invirtiendo en acciones menos eficientes que las que ya estamos utilizando (las habíamos seleccionado por ser las que mejor funcionaban durante el periodo de arranque). Este efecto de eficiencia decreciente además no es lineal, sino que es progresivo. Lo que implica con mucha lógica, que hay un volumen máximo de resultados que se pueden conseguir con una determinada herramienta y en un periodo de tiempo correcto. Si esto no fuese así, se podría dar la paradoja de que con una cantidad infinita de dinero se podrían captar infinitos clientes en un segundo. Por supuesto esto no es posible, simplemente porque la cantidad de clientes es finita y porque la posibilidad de impactarles y captar su atención en un periodo de tiempo reduce más todavía la posibilidad de conseguir resultados. Es decir, hay un volumen máximo de objetivos que se puede lograr en un periodo determinado de tiempo. Si hacemos más marketing, lo único que lograremos es tirar literalmente el dinero. Cuanto más nos acerquemos al máximo, más caro será conseguir cada venta, cliente, *lead* o visita adicional.

En el gráfico siguiente se puede ver cómo, cuando partimos de una campaña optimizada, incrementar el volumen de captación supone incrementar más rápido el coste de captación. En el ejemplo mostrado, el coste de captación se duplica pero el volumen captado se incrementa en una proporción muy inferior al coste. A medida que nos acercamos al máximo, cada vez es más difícil y costoso captar un cliente adicional en un periodo de tiempo dado. En el cuadro se observa que priorizamos las acciones que mejores resultados dan, pero que si necesitamos más volumen para lograr nuestros objetivos, nos veremos obligados a seguir invirtiendo en acciones que no son tan rentables como las anteriores.

Cuadro 7.4 Ejemplo de evolución del coste de captación al incrementar el gasto para un periodo de tiempo concreto

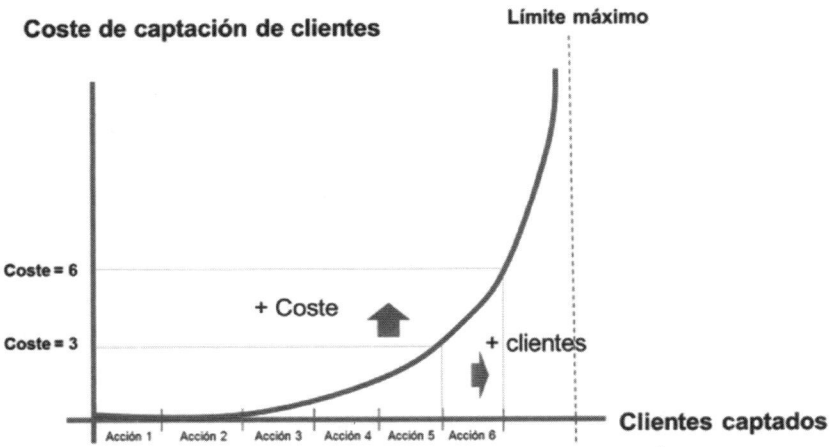

Debido a este efecto, una vez que hemos pasado por un periodo inicial de aprendizaje y suponiendo que hayamos hecho bien nuestro trabajo de probar qué funciona bien y qué no, meter más dinero en una herramienta no ayuda a conseguir mucho más volumen, o bien lo hace a un coste unitario cada vez mayor. Esto implica que, casi siempre, el óptimo de resultados se consigue con un *mix* de varias herramientas donde cada una de ellas aporta de forma diferente. Unas aportan un volumen mayor y otras pueden ser incluso marginales pero, entre todas, contribuyen a generar un óptimo conjunto donde conseguimos el volumen establecido como objetivo con el menor coste medio posible.

En todo caso, es muy importante recordar varios puntos relevantes:

- Este óptimo no se consigue sin pasar antes por un periodo de prueba y error donde debemos experimentar diversas posibilidades para nuestro proyecto. En este periodo de aprendizaje haremos acciones que no funcionarán bien y acciones que sí lo harán. La clave es identificar las segundas para continuar haciéndolas y potenciarlas para dejar de hacer las primeras (las que no funcionan) o rectificarlas hasta que funcionen.

- Una vez logrado el óptimo, este no lo será eternamente. Evolucionará, ya que es un medio muy dinámico y la eficacia y eficiencia de cada acción se ve alterada de forma continua por causas que no podemos controlar como lo que haga nuestra competencia, novedades en herramientas del marketing digital o factores estacionales que hacen que no se obtengan los mismos resultados en todo momento.

- En realidad llegar al ÓPTIMO es imposible. O al menos requeriría un esfuerzo adicional extraordinario para realizar todas las pruebas posibles para cada caso, lo que no es rentable ya que nuestro tiempo también es dinero. Se trata de llegar a un punto razonable de optimización a partir del cual lograr mejores resultados requiere tanto esfuerzo adicional que no compensa.

- Y, en todo caso, ese óptimo es diferente para cada proyecto y momento del tiempo. Influyen factores como:

    - La actividad de nuestros competidores: los resultados se ven muy influidos en función de si nuestros competidores están realizando campañas o no, de cuantos lo estén haciendo y de la agresividad de estas campañas.

    - Los cambios sociales relativos al uso de la tecnología y los medios digitales: por ejemplo la penetración y uso de los dispositivos móviles, el uso de las redes sociales o las novedades de aplicación tecnológica a la publicidad digital provocan cambios en el modo más eficaz y eficiente de impactar a nuestro público objetivo.

- El sector de actividad: no es lo mismo un supermercado *online* que una tienda de muebles o una web de moda.

- El posicionamiento: no es lo mismo vender lujo que un producto o servicio *low cost*.

- El público objetivo: las mejores herramientas varían si se quiere impactar a jóvenes *millennials*, a padres de familia con hijos pequeños, a adultos maduros (40-50 años) o a jubilados.

- El momento del año: no es lo mismo tratar de vender juguetes en noviembre-diciembre que en agosto-septiembre.

EL *FUNNEL* DE COMPRA

8

Sin duda el objetivo final de quien invierte en marketing digital es conseguir dinamizar sus ventas para llegar a tener clientes fieles y recurrentes. Sin embargo, el proceso hasta conseguirlo puede ser un camino complejo y duro. Normalmente competimos con otros que tienen el mismo objetivo sobre el mismo cliente, ser nosotros quien logre al final ser la elección del consumidor requiere tener algo interesante y valioso que ofertar (USP) y hacerlo muy bien en la comunicación y publicidad para que el cliente lo perciba y se decida por nuestra propuesta.

Para representar ese proceso en el entorno digital utilizamos el *funnel*[1] de compra. Un embudo representa muy bien el proceso comercial, ya que tenemos que conseguir muchos impactos para conseguir las ventas esperadas. En todo el proceso de información y decisión del cliente iremos perdiendo potenciales compradores que decidirán no comprar, hacerlo más adelante o con nuestros competidores. Esto es inevitable, pero debemos tratar de conseguir que el mayor porcentaje posible de potenciales impactados acaben siendo compradores recurrentes.

1. Proceso de captación del cliente

Para que un potencial cliente se convierta en cliente, primero debe conocer que existimos y nuestro producto o servicio debe despertar su interés hasta el punto de dar el paso de comprar. Una vez que tenemos la primera compra tendremos que hacer las cosas muy bien y trabajar para que este cliente no se convierta en un comprador ocasional aislado sino en un cliente recurrente. Todo este proceso requiere de trabajo específico en cada parte del proceso. Para entender mejor cómo optimizar el ciclo de conversión utilizamos el *funnel* de compra que nos permite seguir y visualizar todo el proceso.

Cuenta con las siguientes etapas:

- Conocimiento (*awareness*[2]). Si el potencial cliente no sabe que existimos y qué tenemos que ofrecerle nunca nos comprará. No es fácil llegar a llamar la atención del cliente y que esté dispuesto a dedicar una parte de su tiempo. Se debe trabajar en ello.

- Consideración. Nuestro producto debe ser relevante para el *target*, de tal modo que despierte su atención más allá de un primer conocimiento que puede ser un tanto accidental. A diario, todos recibimos miles de mensajes publicitarios sin prestar la más mínima atención a la inmensa mayoría de ellos. ¿Qué hace que un determinado mensaje llame mi atención y me plantee realmente si es una buena opción de compra para mí? Esta es la clave que hay que buscar.

- Acción. Ese interés debe ser capaz de mover voluntades. Conseguir que dé un paso hacia adelante y añada el producto al carrito de la compra o bien se dirija al punto de venta físico o llame porque se está prescribiendo una transacción para finalizar en otro canal. Esa acción tiene que ser decidida a finalizar la transacción despertando en el todavía potencial cliente un deseo capaz de movilizarle.

- Finalización de la transacción. El canal digital tiene sus dificultades, una de las más relevantes es la complejidad y lentitud del proceso de finalización de compra o proceso de *check out*. Conseguir movilizar a un cliente para que inicie un proceso de compra no es ni mucho menos el final del camino. El abandono de carritos en el entorno digital es una situación habitual. Conseguir procesos de compra óptimos y realizar labores de recuperación de los carritos virtuales abandonados, es una tarea obligatoria en la venta *online*. Después, tras la finalización del pedido *online*, deberemos cobrar y realizar la entrega (si es un producto físico), la descarga si es un *ticket* o un producto digital, entregar un código validador o confirmar la transacción si no hay que hacer entrega de nada (por ejemplo una reserva en un restaurante).

- Fidelización. Una vez hemos conseguido finalizar el proceso de compra completo, debemos asegurarnos de que el cliente se convierte en tal a medio y largo plazo. Por supuesto que es necesario que todo haya salido perfectamente y que, como consecuencia, el cliente esté satisfecho, pero además deberemos trabajar para buscar una recurrencia que no siempre sale de forma espontánea, a pesar de la satisfacción con la compra.

- Recomendación. Si lo hemos hecho todo bien, el potencial cliente ya será cliente recurrente. Nos realizará compras habituales y estará satisfecho con lo que le ofrecemos. Sin embargo, si conseguimos que nos empiece a recomendar a terceros: familia, amigos, compañeros o incluso desconocidos en redes sociales, directorios o webs de valoración (TripAdvisor, por ejemplo), podremos empezar el *funnel* de venta con otros muchos potenciales nuevos clientes. Un cliente que nos recomienda es mucho más difícil que nos abandone y sus comentarios tienen mucha más credibilidad que cualquier campaña publicitaria bien hecha.

Cuadro 8.1 Etapas del *funnel* o embudo de compra

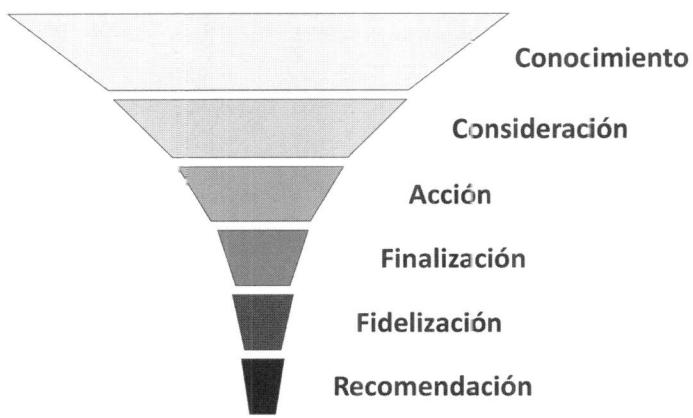

Cuanto más ancho sea el *funnel* por arriba, más público objetivo llega a conocer nuestra propuesta de valor y más posibilidades habrá de llegar al final del proceso con clientes fieles que nos recomienden. Además deberemos optimizar cada etapa para conseguir que más usuarios pasen de una etapa a la siguiente. Es decir, nuestro objetivo debe ser ensanchar el embudo en todo el proceso hasta el final.

2. Adecuación de las herramientas a cada fase del proceso

Trabajar cada etapa del *funnel* requiere de herramientas específicas y, sobre todo, de un uso diferente de las mismas en la medida en que cada etapa requiere de mensajes y acciones diferentes para conseguir movilizar al cliente o potencial cliente. Es complicado hacer una recomendación de qué herramientas son las más adecuadas para cada etapa puesto que cada negocio y situación puede requerir de soluciones diferentes pero en términos generales podemos decir que las herramientas más habituales para trabajar en cada fase del proceso comercial representado en el embudo son las siguientes:

- Conocimiento: en esta etapa encaja muy bien el objetivo de *branding*. Lo que pretendemos es que el cliente se entere de que existimos y que lo que podemos ofrecerle es interesante. Habitualmente se utilizan las siguientes herramientas:

    - *Display*: herramienta potente para lograr conocimiento de marca.

    - Buscadores (SEM y SEO). El cliente nos encuentra cuando busca lo que podemos ofrecerle.

    - Redes sociales (SMO y *Social Ads*). El cliente nos encuentra por afinidad a la propuesta de valor o similitud con otros perfiles semejantes.

    - Contenidos: marketing viral y publicidad nativa.

- Consideración: el cliente se convence de que nuestra oferta es interesante y decide comprar. Estamos hablando ya de marketing de resultados (*performance marketing*). Habitualmente utilizamos las mismas herramientas que en la etapa anterior excepto quizá el *display* y además:

  - Web. El proceso de consideración suele suceder en nuestra web. Debemos mostrar al cliente toda la información y argumentos que le lleven a dar el siguiente paso.

- Acción: si queremos que nuestro marketing sea efectivo tenemos que conseguir un mayor compromiso del usuario. Debemos conseguir resultados concretos según sean nuestros objetivos. Si queremos captar un *lead*, la acción de registrarse o darnos los datos nos permite llegar al final del proceso y conseguir el objetivo deseado. En cambio, si nuestro propósito es vender, el simple hecho de introducir un artículo en la cesta de la compra ya implica una acción por parte del cliente que nos muestra su interés directo de compra. Esta acción deberá ser culminada con la finalización del proceso.

  - Web: es el principal activo digital donde debe desencadenarse la acción que esperamos del usuario. La acción de registro o introducción de un artículo en el carrito, no tiene por qué suceder siempre en la tienda *online*. En ocasiones sucede en páginas destinadas *ad hoc* a este fin.

  - *App:* si conseguimos una descarga de nuestra aplicación tendremos una gran oportunidad de movilizar al cliente para dar el siguiente paso hacia la transacción.

  - SEM: en especial las opciones de Google Shopping que permiten ir directos a los productos que nos interesan.

  - Afiliación: la orientación de esta herramienta enfocada a marketing de resultados nos permite trabajar con pagos ligados en exclusiva a la consecución de los mismos.

  - *emailing:* si hemos conseguido que se registre o captar el *lead* de algún modo en la etapa anterior, el correo electrónico puede ser una extraordinaria herramienta para terminar de convertir a los potenciales en clientes.

- Finalización de la compra: el potencial cliente deja de serlo para ser ya considerado cliente.

  - Nuestra propia web (tienda *online*) o *app* si estamos en un entorno móvil.

- Fidelización: el reto de fidelizar a los clientes que con tanto esfuerzo hemos captado es uno de los más importantes si queremos rentabilizar los enormes esfuerzos que supone la captación. Conseguir que los clientes repitan compra y se vuelvan recurrentes es una necesidad si queremos hacer nuestro negocio sostenible en el medio y largo plazo.

  - Web: muchos clientes volverán de forma directa a nuestra web porque recuerdan nuestra dirección (URL) o porque han guardado nuestra dirección en favoritos.

  - *App:* tanto si se realiza una transacción a través de este canal como si se hace desde una web para ordenador, las aplicaciones nos ofrecen una extraordinaria oportunidad de fidelizar a los clientes que se la han descargado.

  - *Emailing:* es sin duda una poderosa herramienta para mantenernos en contacto con nuestros clientes. Usada de manera adecuada tiene un enorme potencial para generar ventas recurrentes.

- Recomendación: fase final del proceso. El cliente es recurrente y está contento. Para convertirle en un «apóstol» de nuestra marca, podemos apoyarnos en:

  - Contenidos: blogs por ejemplo.

  - Nuestra web: si conseguimos que nos escriba una reseña.

  - Redes sociales: sin duda esta herramienta es fundamental en esta fase del proceso. A través de las redes sociales, podemos lograr la máxima difusión y eficacia de las recomendaciones de nuestros clientes satisfechos.

En todo caso, esta clasificación no pretende ser exhaustiva ni excluyente. Cada sector, negocio, público objetivo y momento, requerirá de soluciones diferentes. La mayoría de las herramientas son muy versátiles y pueden ser usadas en varias fases del proceso pero, entre todas ellas, destacan la web y las aplicaciones móviles ya que, en la mayoría de las ocasiones, constituyen el eje troncal del proceso de comunicación y venta.

3. *Outbound* e *Inbound marketing*

Por tradición, el marketing *offline* se ha basado en salir al mercado «o contar» al público objetivo las excelencias de nuestro producto y por qué es más interesante que el de los competidores, animándoles a comprarlo en los puntos de venta que tienen a su disposición. Este tipo de marketing puede ser realizado también en el entorno digital y lo denominamos *Outbound marketing*. El marketing hecho hacia fuera, basado en la difusión por herramientas, lo más masivas posibles, de nuestros mensajes publicitarios orientados a la acción inmediata de compra.

En cambio el marketing digital nos brinda la oportunidad de hacer las cosas de otro modo. El *Inbound marketing* consiste en crear el caldo de cultivo que haga que los clientes nos busquen a nosotros, en vez de salir nosotros a buscarles a ellos. Consiste en crear todo un ecosistema y procedimientos que promuevan un interés activo de los potenciales nuevos clientes por nuestra oferta.

Para conseguirlo, el *Inbound marketing* trabaja sobre todo los medios propios prestando especial atención a crear contenidos de calidad que consigan despertar el interés del futuro cliente para que sea este el que guíe el proceso de manera activa hasta la fase final de la conversión a venta.

La gran diferencia entre el *Outbound* y el *Inbound marketing* consiste en que en el primer caso son acciones *push*, «empujamos» a los clientes a lo largo del *funnel* para que vayan pasando de una fase a otra hasta el final. En cambio, en el *Inbound*, las acciones son *pull*, es el cliente el que «tira» del proceso y quien va mostrando interés por nuestros productos y servicios a través de los contenidos generados.

De un modo u otro, el *Outbound marketing* consiste en colocar nuestros mensajes publicitarios en espacios donde el cliente no los espera para distraerle y atraerle hacia nuestro producto. Nos basamos sobre todo en medios pagados. Es, por tanto, intrusivo de un modo más o menos explícito. En cambio en el *Inbound marketing*, conseguimos la atención del usuario de forma activa a través de técnicas no intrusivas basadas en contenidos de calidad en medios propios y medios ganados.

PARTE 3

HERRAMIENTAS DEL MARKETING DIGITAL

LA WEB, EJE DE LA COMUNICACIÓN *ONLINE*

9

Todos sabemos lo que es una web pero... ¿Somos capaces de aprovechar todo su potencial para lograr nuestros objetivos de comunicación? Es difícil encontrar una campaña que no tenga como eje central una web y en ella debamos aunar los objetivos perseguidos: enganchar al usuario con nuestros atractivos contenidos, conseguir un registro o una venta. Esta importantísima herramienta suele ser el eje central de la comunicación digital, sin embargo esa no es la única posibilidad de usarla.

1. Tipos de web

A pesar de que no es fácil diferenciar de manera intuitiva por tipos de web, existen diferencias notables entre ellas. En un primer nivel, distinguiremos entre tipos de *site* por su función dentro del esquema de campaña y, en segundo nivel, separaremos las webs según sus características y potencial de interacción.

Podemos distinguir claramente dos aplicaciones:

- Página web central de la campaña. En torno a ella se desarrolla todo el lanzamiento y constituye «el momento de la verdad». Imaginemos que somos una empresa de cursos a distancia y el objetivo de nuestra comunicación *online* es conseguir interesados en recibir más información sobre nuestra oferta docente para que el proceso comercial sea rematado con una visita presencial o telefónica de un comercial, que será el responsable de cerrar la venta. En este caso, el momento de la verdad será cuando los usuarios ya han llegado a la web donde debemos generar suficiente interés o incentivo como para que los usuarios rellenen el formulario o llamen a un número de teléfono en ese mismo instante. Hay dos tipos de webs centrales:

- **Sitios corporativos**: se trata de webs básicamente informativas. Transmiten información y recogen datos.

- **Tiendas** *online:* son webs cuyo objetivo principal es ser espacio de venta.

• Apoyos externos con el objetivo final de conseguir dirigir tráfico al portal central de la campaña. En estos casos hablamos de herramientas como:

- **Microsites** que no tienen por qué ser pequeños... Lo que les caracteriza es que tienen unos objetivos limitados en productos-servicios o en el tiempo. Se suelen asociar a una campaña concreta y dejan de tener sentido cuando esta finaliza. Es muy habitual en sectores como el automóvil cuando hacen lanzamientos de nuevos modelos.

- **Landing pages**[1]: se trata de páginas optimizadas al máximo para conseguir un objetivo concreto. En muchos casos ligado incluso a una campaña, oferta o producto puntual o simplemente orientado a la captación de un *lead*.

- **Blogs**: conceptualmente son el reflejo digital de un diario donde el propietario (persona o empresa) escribe en tono informal sus preocupaciones, sentimientos, cosas que le han sorprendido, sus opiniones, lo que le agrada o desagrada... El valor que tiene es el de la actualidad y el de la informalidad, lo que permite generar un flujo de información muy fresco. De manera adicional, en los blogs los lectores pueden participar haciendo comentarios sobre los *posts* o artículos que ha realizado el propietario. De este modo, se establecen auténticos diálogos improvisados entre los usuarios y el redactor.

- **Foros**: son espacios creados para establecer diálogos e intercambiar opiniones desacopladas en el tiempo, es decir, la interacción no tiene que realizarse en tiempo real. Uno cuelga una pregunta y vuelve en otra ocasión para ver qué respuestas ha obtenido. En un foro puede entrar cualquiera e iniciar un debate o realizar una pregunta e igualmente puede contestar y participar con aportaciones y comentarios.

* **Chats**: también son áreas para el diálogo entre usuarios pero, en este caso, la comunicación se produce en tiempo real y es multilateral. Todos los usuarios pueden preguntar, responder o comentar a cualquier otro de manera instantánea, esperando respuesta también al momento. Los contenidos se suelen limitar al propio diálogo.

Vemos que existen diferentes tipos de webs y que su utilidad e idoneidad depende del nivel de direccionalidad de la comunicación que se precise y del grado de interacción necesaria según el siguiente esquema.

Cuadro 9.1 Tipos de web en función de la direccionalidad y el grado de interacción que permiten

En un extremo, encontramos el sitio web central de la campaña que constituye el eje de la comunicación. Es unidireccional y nosotros decidimos qué contenidos se muestran, qué usuarios pueden participar y con qué reglas. Tenemos la potestad de seleccionar lo que nos interesa y despreciar aquello que no.

Además, estos contenidos suelen ser de carácter más bien estático y no es necesaria una actualización permanente de los mismos. En el extremo contrario se sitúa el chat, donde todos los usuarios participan en la elaboración del contenido de un modo que solo tiene sentido en tiempo real y donde el dinamismo es absoluto.

Al igual que ocurre con las herramientas, los profesionales del marketing deben conocer todas las posibilidades y usarlas según las necesidades y de forma apropiada. No todas las variantes de webs son útiles para todos los casos, productos y objetivos. Por ejemplo, es difícil entender la utilidad y beneficio que le puede reportar a un usuario que una gran multinacional eléctrica ponga en su web corporativa un chat o blog para que los usuarios comenten sus experiencias en ahorro de energía. Personalmente veo complicado que una iniciativa así despierte suficiente interés entre los usuarios y clientes de la eléctrica como para obtener masa crítica de contenidos actualizados que mantengan un interés permanente y repetitivo, características imprescindibles para un chat o un blog.

Ejemplo de web corporativa

2. Términos y fundamentos técnicos de una web

Todos tenemos claro qué es una web y sabemos reconocerla cuando la vemos pero en realidad, lo que vemos y reconocemos no es más que la expresión gráfica de una web que es interpretada por un programa llamado navegador. No podemos olvidar que, al fin y al cabo, una web es un programa. Unas líneas de código escritas por un programador, o generadas por otro programa, que nos permite usar internet de un modo amigable y sin necesidad de tener que interpretar un código en cada ocasión que queremos usarlo.

Este carácter eminentemente técnico de la web se nos olvida con frecuencia ya que todos los elementos que la componen están diseñados para que se pueda usar sin apenas necesidad de conocimientos técnicos. No obstante, un profesional del marketing digital debe tener un mínimo de conocimiento técnico y comprender cómo funciona una web. A continuación, vamos a relatar los conceptos técnicos fundamentales que nos permiten entender cómo funciona una web.

- WWW *(World Wide Web):* o red informática mundial. Es la base mundial que soporta, estandariza y gestiona internet. Sobre esta base se establecen todos los protocolos que hacen que internet funcione de un modo homogéneo y predecible con independencia de quien programe o quien lo use en cualquier lugar del mundo. Gracias a la WWW hoy nos podemos conectar a una red mundial que «se entiende» y permite un intercambio de información increíble que está cambiando el mundo de forma radical

- Página web: es un único documento (en realidad un programa informático) donde podemos interactuar en internet.

- URL *(Uniform Ressources Locator):* o localizador de recursos uniforme. Es la dirección de una única página web. Lo que debemos teclear en la dirección del navegador para llegar de modo directo a una página web. En ocasiones, las URL se reescriben y se redirigen a otras para que sea más sencillo para la gente recordarlas y para los motores de búsqueda conocer su contenido.

- Sitio web: es el conjunto de páginas web que tienen un mismo fin y apariencia. Un sitio web, por tanto, puede y suele estar compuesto por más de una página web. En muchas ocasiones cientos, miles o incluso millones. Cada página web es un documento (programa diferente) que tiene total independencia de funcionamiento del resto. Estas se pueden enlazar, lo que permite navegar entre ellas.

- Dominio: se trata del nombre reconocible de un web *site* en su conjunto. Identifica al sitio web y permite que los usuarios identifiquen, recuerden y lleguen hasta allí con facilidad. Un dominio suele agrupar a todas las páginas web de un sitio web bajo una parte común de la dirección web que la identifica y permite llegar a ella de forma directa.

- *Home Page:* o página principal del *site*. Es la «puerta» natural de entrada de un web *site*. Nos da una idea general del contenido y servicios del sitio web en su totalidad y nos permite navegar por él a través de sus menús (listas de opciones, espacios y servicios). Es el punto de referencia e inicio natural de la navegación por una web.

- Enlace *(link[2]):* se trata de un espacio de la web que permite la navegación conectando unas páginas web con otras (sean o no de un mismo sitio web). Cuando pulsamos un clic en un enlace el navegador nos saca de la página web donde estamos o nos abre una nueva sesión de navegación en una nueva pestaña, y nos lleva a la página web que deseamos. Un enlace por tanto dirige la navegación de una página a otra nueva que se identifica con una URL distinta aunque sea parte de un mismo sitio web.

- TCP/IP *(Transfer Control Protocol/Internet Protocol):* o protocolo de control de transferencia/protocolo de internet. Se trata del protocolo con que las páginas web se comunican entre sí y con el que se transmiten información de una a otra.

TCP/IP se trata de un protocolo estándar de transferencia de información que al estar cien por cien estandarizado, nos asegura que siempre «se entienden» las dos páginas web (origen y destino) en la transferencia de información. Gracias al protocolo TCP/IP las páginas se conectan y se establecen las bases de intercambio de información garantizando que se entenderán con independencia de quien las desarrolle. Gracias a este protocolo podemos navegar entre páginas sean o no del mismo sitio web con idéntico modo de actuar.

- HTTP *(HyperText Transfer Protocol):* o protocolo de transferencia de hipertexto. Es un protocolo que establece una estandarización sobre cómo se deben construir los hipertextos para poder encontrar siempre la información que se busca. Los hipertextos recogen toda la información que debe ser transmitida de una página web a otra y nos garantizan un flujo de información en la navegación. Por ejemplo, si yo relleno mis datos en un formulario de compra en una tienda *online*, esta recoge la información suministrada y la transfiere al servidor para que se pueda procesar el pedido y calcule, por ejemplo, los gastos de envío según el destino, lo que permite abrir la siguiente página del proceso de compra con los gastos de envío ya correctamente calculados.

Al ser un protocolo estandarizado nos aseguramos de que siempre se van a entender, aunque los sitios web sean de países diferentes y los hayan programado desarrolladores diferentes que nunca han hablado para ponerse de acuerdo. El protocolo HTTP es el que nos permite navegar a través de *links* cambiando de página para ir siguiendo el flujo que deseamos. HTTP funciona sobre la base del protocolo TCP/IP, el primero estandariza el intercambio de información mientras que el segundo establece las bases de la comunicación que permite que esto pueda suceder.

HTTP no es el único protocolo que funciona sobre la base de TCP/IP, hay otros muchos. Por ejemplo el protocolo SMTP se utiliza para transmitir el correo, el protocolo FTP para transmitir archivos o DNS que se utiliza para la denominación de dominios.

- HTTPS *(HyperText Transfer Protocol Secured):* o protocolo de transferencia de hipertexto securizado. Es un caso particular del anterior donde la información se transmite encriptada dentro del hipertexto, de tal forma que no puede ser interpretada por cualquiera que la intercepte si no es el destinatario final. Las páginas que recogen información sensible como datos personales o medios de pago utilizan este protocolo en vez del estándar HTTP para garantizar la seguridad y privacidad de la transferencia de información.

- HTML *(Hypertext Markup Language):* o lenguaje de marcado de hipertexto. Se trata del lenguaje de programación más habitual sobre el que se programan las páginas web. Ya lo hemos comentado, para nosotros una página web es algo que podemos identificar visualmente pero, en realidad, lo que vemos no es más que la interpretación de un programa casi siempre escrito en este lenguaje de programación. A través de este lenguaje, los programadores, establecen las instrucciones de cómo debe ser una web, cómo se construye (por ejemplo dónde se «pinta» cada elemento, de qué color, tamaño) y cómo debe funcionar. HTML es un lenguaje de programación, a diferencia de TCP/IP y HTTP que son protocolos de intercambio de información entre páginas web (programas).

- Navegador: programa informático que «traduce» el código, que es lo que es realmente una web. Es lo que vemos y usamos. Un navegador hace accesible y usable una web para cualquier usuario sin apenas conocimientos técnicos que de otro modo sería inaccesible. El navegador interpreta el código y «dibuja» lo que vemos de la página web en base a la información que recibe del programa y los elementos gráficos que terminan de configurar la apariencia y funcionamiento de una web. Esta es la explicación de por qué, en ocasiones, una misma página web se ve de forma diferente o tiene errores que no se aprecian en otros momentos si utilizamos diferentes navegadores o versiones. Los navegadores no son iguales y de ahí que se produzcan estas diferencias a la hora de interpretar el código HTML de una misma web.

Los principales navegadores son:

- Safari. Es el navegador de Apple y el que se usa «por defecto» en el entorno de *hardware* de la marca de Cupertino

(Macs, iPhones, iPads). Está optimizado para los sistemas operativos de estos productos.

- Chrome. Es el navegador de Google y el más usado en el mundo en este momento. Está optimizado para quienes usan de forma intensiva las aplicaciones de Google: su buscador que está integrado, su correo electrónico gMail, Hang Outs para sesiores de videoconferencia *online* o Drive como disco de almacenaje en la nube.

- Explorer. Es el navegador de Microsoft. Optimizado para el sistema operativo Windows y el ecosistema de aplicaciones MS como son Outlook, el portal MSN o Messenger.

- Mozilla. Es el último navegador independiente. Viene del mundo del *software* libre y es el «heredero» del famoso navegador NetScape que fue la gran referencia en los orígenes de internet como medio de masas. Es el preferido por los amantes del *software* libre y se mantiene a pesar de su uso minoritario por la gran influencia de quienes lo usan, ya que son ellos mismos quienes lo mantienen y hacen evolucionar.

Cuadro 9.2 Esquema de los principales elementos de una web

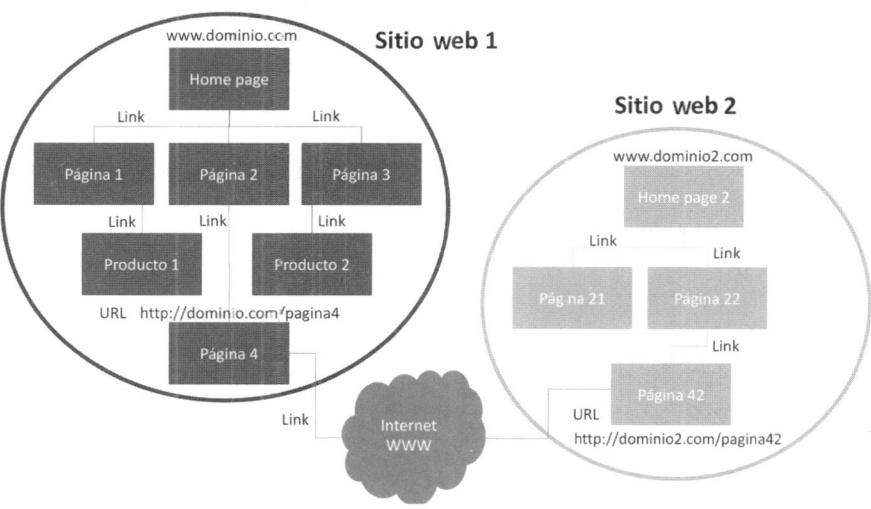

3. Elementos de una web

Para que una web pueda funcionar deben estar preparados muchos de sus elementos. Los más relevantes son:

- Elementos físicos: se trata de la infraestructura «real» necesaria para que la web pueda funcionar. Los elementos más relevantes de la arquitectura física son:

    - Servidores: ordenadores que crean las páginas web y gestionan la información que generan y reciben.*Racks*: armarios donde se ubican los servidores.CPD c Centro de Procesado de Datos: espacio físico que reúne las condiciones adecuadas de temperatura y seguridad para albergar los servidores.

    - Conexión: para poder estar *online* en internet, nuestro centro de datos y servidores deben estar conectados a través de una línea de proveedor de acceso a la red.

    - *Proxys*, *firewalls*, balanceadores y *switches*: son otro tipo de máquinas que son necesarias para que las conexiones de los servidores entre sí y con el exterior puedan hacerse de forma eficiente y segura.

En la mayoría de las ocasiones, no nos tenemos que ocupar nosotros de estos elementos ya que podemos contratar el servicio de alquiler y gestión de los mismos. Esto se conoce como *hosting*. En ese caso una empresa tercera, especialista en la gestión de esos espacios, se ocupa de prestarnos todos los elementos y servicios necesarios para que nuestra web funcione desde este punto de vista.

- Elementos de infraestructura lógica. Se trata del *software* que permite el funcionamiento de la web. Se compone de elementos como:

    - Sistema operativo. El *software* que hace funcionar los servidores para que puedan alojar nuestros programas.

- Base de datos. *Software* que permite gestionar la información que se almacena y mueve en cada operación.

- Servidores de lógica de negocio, *framework*, caché. Se trata del *software* que permite simplificar y estandarizar al máximo toda la lógica de programación de la web.

Estos elementos son vitales para que nuestra web pueda funcionar y debemos instalarlos en la infraestructura física que hemos comentado en el punto anterior para que la web pueda funcionar.

Sin embargo, en los últimos años, hemos evolucionado hacia otro concepto de prestación de servicios llamado *cloud computing*, SaaS *(Software as a Service)* o *software* bajo demanda. Según este principio, el prestador de servicio se encarga de darnos el servicio totalmente integral de infraestructura y *software*, evitándonos tener que tomar decisiones y gestionar la infraestructura de la web. Pagamos por usar el software mientras lo necesitamos, cuando lo dejamos de necesitar lo dejamos de pagar sin mayor compromiso. En este caso, desconocemos cómo es la infraestructura física-lógica y solo nos preocupamos por que los servicios que presta la web funcionen bien. Nos olvidamos de entender todo lo anterior y cedemos esa responsabilidad a la empresa prestadora del servicio, que se encarga de todo.

- Página web: se trata del programa que gestiona cómo debe ser la página web (apariencia y colocación de los elementos) y de su funcionamiento. Una web está dividida en los siguientes elementos.

  - Cabecera: se trata de la parte superior de la web. Es un espacio físico casi siempre bien diferenciado. En la cabecera suele estar el logo y nombre de la empresa, el área de usuario (permite el *login*, consulta y mantenimiento de datos personales y pago) y, en ocasiones, un *banner* de publicidad interna o externa.

  - Menús: suelen estar justo a continuación, tras la cabecera, en la parte superior de la web. En estos menús se estructura la navegación fundamental de la página: qué secciones y servicios tiene para poder acceder de forma sencilla y directa al contenido que nos interesa.

- Cuerpo de la web: espacio de contenido y/o transacción donde se refleja y sucede el objetivo de la web.

- *Footer* o pie de página. Se sitúa al final del *site*, justo en la parte inferior. Contiene información relevante sobre el *site* y servicios auxiliares como quiénes somos, contacto, servicios secundarios, políticas y principales *partners* y sellos de calidad.

4. Gestión de la web: el CMS

Hemos comentado que una web no es otra cosa que un programa escrito por un programador que se interpreta a través de un navegador para que podamos ver y usar la web de una forma amigable. Ese programa es el que determina todo lo que aparece en la web: textos, imágenes, vídeos, colores, tamaños, posiciones, es como un mapa de contenidos que dice a cada elemento que compone la web dónde tiene que estar y cómo se debe comportar.

La cuestión es que si queremos cambiar cualquier cosa de una web, un programador debería entrar al programa y modificarlo para que la web se actualice. Esto dificulta enormemente el funcionamiento de internet ya que supone que cada pequeño cambio que queramos hacer en la web, por ejemplo publicar un nuevo post en un blog, debería ser realizado por una persona con conocimientos HTML que pueda modificar el código de la web. Esto, por lógica, no se hace así en el día a día.

Para independizar el trabajo de los técnicos del de los usuarios que se encargan de actualizar los contenidos de las webs, existen unos programas que se llaman CMS *(Content Management System)* o sistema de gestión de contenidos. Estos programas permiten a los usuarios gestores de las webs cambiar y actualizar los elementos que suelen sufrir modificaciones, lo que llamamos el contenido. De este modo, para hacer más sencilla la comprensión de cómo funciona una web, vamos a distinguir entre los elementos estructurales o más estables de una página web, que son los que la dotan de apariencia y orden; y los elementos más volátiles que cambian de manera continua para adaptarse a la actualidad y al funcionamiento deseado en cada momento.

Si tomamos como ejemplo el *site* de un medio de comunicación digital: el contenido son las noticias y la estructura es el formato de la página que incluye la apariencia y la estructura básica de navegación. Elementos como la cabecera, el pie de página o los menús están compuestos por elementos de estructura que no se están modificando a diario y, por tanto, sus modificaciones sí se suelen reservar a los técnicos. En cambio el cuerpo de la web, que contiene la información en textos, imágenes y vídeos principalmente, sí se debe modificar de forma continua para que el medio esté reflejando la actualidad en cada momento. Estas actualizaciones las suelen hacer periodistas que no tienen necesidad de entender ni modificar código HTML. Para hacer su trabajo estos periodistas utilizan un CMS.

Los CMS son programas muy extendidos y hay multitud de ellos para todo tipo de usos. Algunos son más especializados, por ejemplo los que usan los medios de comunicación que tienen unos requerimientos de uso profesional muy específicos. Otros son muy universales y pueden soportar casi cualquier uso. Los hay desarrollados a medida para una empresa en concreto pero la mayoría son programas que se pueden adquirir bajo licencia o de *software* libre (gratuitamente). También cada vez hay más alternativas de *software* bajo demanda o *cloud computing.* En este caso pagamos por usar el programa y nos olvidamos por completo de la gestión y mantenimiento del mismo.

Hay muchos tipos de CMS, según lo comentado en el párrafo anterior: orientados a gestionar blogs (muy sencillos de uso), orientados a foros y galerías, a educación *online (eLearning)* o a gestión de portales más complejos.

Los CMS más usados y en crecimiento son:

- WordPress: sin duda el rey de los CMS. Es el más usado a nivel mundial y su enorme fuerza reside en que es un *software* libre *(open source)* que puede ser descargado y usado de forma gratuita. En su origen estuvo muy vinculado a la gestión de blogs lo que le dio su enorme penetración. En la actualidad es tan potente y versátil que vale casi para cualquier tipo de *site*.

  Se mantiene con un extraordinario dinamismo gracias a una enorme comunidad de desarrolladores que contribuyen a diario a mejorar el *software* y evolucionarlo. Estas mejoras se trasladan a nuevas versiones continuas del *software* y a *pluggins* o elementos funcionales adicionales al *software* que permiten hacer cosas concretas. Estos *pluggins* están desarrollados por cualquiera que lo desee y los puede poner a disposición del resto de usuarios de forma gratuita o bien de pago en una tienda que hay habilitada similar a las App Stores de los móviles. Todo este enorme ecosistema, favorece un gran dinamismo que hace de este CMS casi un estándar mundial para el desarrollo y gestión de pequeñas, medianas y, en menor medida, grandes webs.

  Su principal ventaja, además de la universalidad comentada, reside en su extrema facilidad de uso que la hace accesible para todo el mundo. No es necesario ningún tipo de conocimiento técnico para montar una web con extraordinaria capacidad de personalización y total capacidad de gestión de sus contenidos.

- Drupal: es un gestor de contenidos de *software* libre. Es modular y configurable. En realidad es más un entorno de desarrollo que un gestor de contenidos. Es muy potente y flexible pero, para sacarle partido, es necesario un conocimiento técnico mínimo. No es una herramienta muy orientada al usuario «de a pie», sino que está orientada a la gestión de portales complejos.

- Joomla: es otro gestor de contenidos de *software* libre y por tanto de acceso gratuito. Es sencillo de usar y flexible para su configuración. Tiene una cierta masa de usuarios fieles que lo siguen usando y evolucionando. Orientado a la gestión de portales más sencillos.

- Moodle: gestor de contenidos más implantado para la enseñanza *online (eLearning)*. Es muy sencillo de usar y potente. Además es muy estándar lo que hace que tanto para profesores como para centros y alumnos, sea sencillo de usar ya que es la herramienta más habitual para gestionar este tipo de actividad.

- Magento: es una solución específica y avanzada para comercio electrónico. Es como casi todas las anteriores una solución de código abierto que cuenta con una versión gratuita (comunidad) y una versión de pago *(entreprise)*. Requiere tener un conocimiento técnico importante para poder gestionarla. Es una herramienta muy potente y líder en el mundo en venta *online*.

- Prestashop: es una solución *open source* también especializada en comercio electrónico. A diferencia de Magento, se puede gestionar hasta un nivel básico sin conocimientos técnicos, solo usando plantillas a través de un menú de usuario sencillo. Es la solución de *eCommerce* más implantada en España.

ial media
SOCIAL MEDIA

10

Todos somos conscientes de como la aparición de las redes sociales y su extraordinaria aceptación y uso masivo por parte de una amplísima mayoría de la sociedad han provocado profundos cambios en nuestra vida en los ámbitos social, político, relaciones, pero también en el económico y comercial.

De todos estos impactos, nos vamos centrar en el último. Si bien todos ellos están muy enlazados y no se pueden entender bien por separado, la perspectiva que nos interesa en este momento es cómo los medios sociales están influyendo y cambiando el modo en que los agentes económicos toman decisiones de consumo y finalizan sus transacciones, pero también el modo en que las personas se relacionan con las marcas.

1. Tipos de *Social Media* o medios sociales

Al conjunto de todas estas redes sociales y comunidades virtuales les llamamos de forma genérica medios sociales. Dentro de los medios sociales podemos distinguir dos variantes a veces no claramente identificadas pero que sí presentan diferencias sustanciales en su funcionamiento: las comunidades virtuales y las redes sociales.

- Comunidades virtuales: grupo de gente que se plantea un objetivo o interés común sobre el cual quieren compartir experiencias, información, consejo, posibilidad de transacción, entre otros.

La comunidad virtual gira en torno a un tema o idea común que todos los usuarios comparten y que les aglutina. Por ejemplo, una comunidad de celiacos, tiene como temática central la intolerancia al gluten. Los usuarios activos aportan contenidos o abren hilos de conversación específicos, mientras que los roles pasivos utilizan esa información con diversas intenciones: identificar productos aptos o no aptos, saber si lo que les sucede es normal o buscar soluciones para problemas específicos.

- Redes sociales: son aplicaciones en las que los usuarios se relacionan interconectándose e intercambiando información personal y contenidos multimedia creando, de este modo, redes de personas y comunidades interactivas.

La red social, en cambio, se centra en el individuo. Es la red de relaciones que teje uno alrededor de sí mismo y por lo tanto de cada individuo hacia el resto. El centro es el individuo, yo. Cada uno genera sus contenidos que comparte con los que considera «sus contactos» (primer nivel) además tiene acceso a los contenidos generados por aquellos. Como cada persona no tiene exactamente los mismos amigos que el resto se genera una red de contactos donde los «amigos de mis amigos» son contactos de segundo nivel y así sucesivamente. Para que dos individuos sean «amigos», es decir pasen a formar parte de sus contactos de primer nivel, deben aceptarse de manera voluntaria mutuamente. La aceptación mutua de la «amistad» permite a ambos acceder al contenido del otro así como a su red de contactos lo que provoca una extraordinaria viralidad.

> En las redes sociales, la pertenencia siempre es voluntaria, pero no siempre es libre. En muchos casos, para acceder a una red social es necesario disponer de una invitación que debe hacerse extensiva por algún miembro de la red. Este tipo de redes sociales son minoritarias pero existen.

Sin duda, los medios sociales han entrado en nuestras vidas cotidianas pero también influyen, y mucho, en nuestro comportamiento como consumidores y en nuestro modo de relacionarnos con las marcas. Para una empresa o marca, hoy en día es una necesidad tener contacto con sus clientes y potenciales en un plano diferente al del pasado y los medios sociales son la principal herramienta para que esto pueda suceder.

Los medios sociales nos permiten por tanto conocer nuevos posibles clientes, captar nuevos compradores, fidelizar a los existentes, convertir a estos en embajadores y recomendadores de nuestros productos y servicios y gestionar las incidencias e insatisfacciones que puedan suceder en cualquier momento de la relación.

2. Herramientas de *Social Media*: SMO y *Social Ads*

Para poder realizar todas estas tareas, las redes sociales nos abren dos herramientas de marketing digital totalmente diferentes, a pesar de que ambas se desarrollan en el medio social:

- *Social Media Optimization (SMO):* o posicionamiento orgánico. Estamos presentes en las redes interactuando y generando contenido y, fruto de esa actividad, contactamos y desarrollamos relaciones con la gente.

  En este ámbito, el objetivo es conseguir la mayor visibilidad posible y difusión de los contenidos que generamos. Se trata de establecer relaciones sociales de forma «natural» con nuestra audiencia. Conectar con ellos y dialogar. Recordemos, los mercados son conversaciones, y qué mejor que mantener estas conversaciones en un espacio distendido.

  Es, por tanto, una herramienta de marketing digital orgánico, o medios propios y medios ganados. En este aspecto, el objetivo no es pagar para lograr difusión sino lograr contenidos de calidad y útiles para nuestro *target*. Son acciones *pull*, son los propios usuarios quienes las demandan encajando bien en una estrategia de *Inbound marketing*.

- *Social Ads*: o publicidad pagada en medios sociales. Utilizamos las herramientas que nos brindan la mayoría de ellos para llegar a nuevos clientes o potenciales realizando campañas publicitarias de pago.

En este caso el objetivo es conseguir difusión e impacto a través de medios pagados, es decir, con inversión publicitaria. Utilizamos el entorno de las redes para conseguir llegar a nuestra audiencia a través de criterios de segmentación muy precisos ya que las redes sociales permiten conocer francamente bien a sus miembros.

En este caso, son acciones *push* que encajan dentro de una estrategia de *Outbound marketing*.

3. Los roles en *Social Media*

Como en todos los grupos humanos, en los medios sociales, no todos sus miembros asumen el mismo papel. Para empezar, podemos distinguir entre aquellos que se involucran de forma regular en sus actividades y comunicaciones, de otros que se apuntan y apenas participan y que siguen las evoluciones del grupo después. Distinguimos entre diferentes tipos:

- Activos. Participan de forma regular en las actividades y comunicaciones. Se siguen y se reconocen. Entre ellos destacan:
  - Líderes: son aquellos que tienen un gran poder de influencia entre los miembros. Sus opiniones y decisiones son naturalmente seguidas y aceptadas por el resto de los miembros. En muchos casos, el liderazgo de una comunidad suelen ostentarlo los fundadores de la misma.
  - Moderadores: de algún modo son extensiones de los líderes o líderes de segundo nivel. Ayudan a los primeros de forma visible. Constituyen un elemento imprescindible para el desarrollo de la comunidad ya que la dotan de interactividad de forma regular animándola y ofreciendo continuidad. Generan contenido de forma habitual y, de algún modo, validan el de los demás miembros.
  - Contribuidores: miembros que participan consumiendo y, sobre todo, generando contenidos. No tienen por qué ser intensivos pero permanecen activos con regularidad y constituyen el núcleo de la comunidad.

- *Trolls* o troles: se trata de miembros que discrepan o incluso tratan de boicotear el funcionamiento normal de la comunidad para hacerse notar. No tienen por qué ser representativos de la opinión generalizada del resto de los miembros pero suelen ser muy activos y «ruidosos» no aceptando con facilidad que sus opiniones no son compartidas por la mayoría.

- Pasivos. No colaboran de manera activa ni aportan contenido pero su presencia, en algunos casos, justifica a los roles activos dando a la comunidad más representatividad. Algunos ni aparecen, pero la mayoría consumen contenido de forma regular u ocasional pero no por ello son menos importantes para dar sentido a la comunidad, ya que suelen constituir la motivación que favorece las aportaciones de moderadores y contribuidores en general. En la mayoría de las ocasiones suelen ser el colectivo más numeroso de la comunidad.

Pero de entre todos los participantes en los medios sociales destaca el perfil de os *community managers*. Son personas que se encargan de gestionar la presencia de las marcas en estos espacios donde las marcas y empresas adoptan roles de personas. El *community manager* tiene el difícil reto de liderar esas conversaciones representando a la empresa o marca y adoptando sus valores y personalidad pero con un comportamiento humano y próximo

4. Principales redes sociales

Las redes sociales cambian de manera continua y evolucionan de una forma extraordinaria, por lo que es complicado definir cuáles son las principales. En todo caso, podemos afirmar que en este momento las más destacadas son:

10.4.1. Facebook

Es sin duda la red social más conocida y representativa. Facebook se usa para casi todos los fines: personales, familiares, laborales-profesionales, comerciales, relaciones, contenido temático, vídeo, fotografía...

10.4.2. LinkedIn

Es la referencia en redes sociales laborales. Las relaciones entre sus miembros se basan, sobre todo, en vínculos y perfiles profesionales. Las personas mostramos en esta red nuestro perfil laboral y nos relacionamos a través de nuestra faceta profesional y las empresas se relacionan como empleadores.

10.4.3. Twitter

La red social que nos convirtió a todos en editores. Se caracteriza por su enfoque al contenido corto y práctico. Su rasgo más representativo es la limitación de 140 caracteres para las publicaciones que queramos hacer. Tiene ciertas características de medio de comunicación masivo donde la interacción no tiene porqué ser muy alta, de hecho está descendiendo de forma continua.

10.4.4. Google +

Lanzada en 2011 por Google fue su apuesta para competir con Facebook en este ámbito sin mucho éxito. Su principal novedad fue la apuesta por los «círculos»: grupos de personas con los que me relaciono por el mismo tipo de vínculo (personal, laboral, familiar, etc). A pesar del escaso entusiasmo que ha generado en el grueso de la sociedad, sigue siendo una red social usada por las empresas para publicar contenido por el indudable impacto que tiene en el SEO.

10.4.5. Instagram

La red social de la fotografía. Sencilla y directa. En Instagram compartimos sobre todo imágenes y vídeo, a las que se puede añadir texto. Tiene un funcionamiento parecido a Twitter en muchos aspectos, quizás más simple.

Sobre todo porque el contenido se comparte por el concepto de *timeline*[1]. Se utiliza, al igual que Twitter, cada vez más para hacer *broadcast*[2] compartiendo contenido y comunicando con mucha gente a la vez pero con escasa interacción.

10.4.6. Pinterest

Una red un tanto peculiar. Su enfoque es claramente visual. Su contenido es sobre todo tableros de fotografías con un factor común. Se trata de agrupaciones de imágenes similares que resultan de inspiración para sus seguidores.

10.4.7. Snapchat

En este caso hablamos de un público joven. Tiene un enfoque muy lúdico y fugaz. Concebida para que los contenidos no perduren, es su principal factor de diferenciación, lo que las hace muy convenientes para cierto tipo de contenidos más trasgresores cuyos propietarios no tienen ningún interés en que se guarden.

10.4.8. WhatsApp

En realidad no es una red social pero el uso que se le está dando través de los grupos hace que, de hecho, actúe como tal. En este caso el vínculo principal es la agenda telefónica.

10.4.9. YouTube

Tampoco es una red social en sentido estricto. Es más bien un canal de difusión de contenidos en vídeo. Una cadena de televisión que se puede configurar a medida, donde el usuario elige el contenido que quiere ver, sus miembros pueden crear canales y os usuarios suscribirse a los mismos creándose auténticas redes con comportamiento similar a las anteriores.

5. Reputación *Online* Corporativa (ORM)

Podríamos definir la ORM como el conjunto de actividades que tienen como objetivo mantener el prestigio, valores, estima o imagen de marca de una organización o persona a través del uso de las herramientas SMO.

Hasta el momento, las organizaciones han trabajado la reputación por canales más simples y, en cierto modo, «controlables»: los grandes medios de comunicación. Estos viven básicamente de la inversión publicitaria que hacen estas grandes instituciones, además el número de medios con cierta repercusión o audiencia era relativamente reducido lo que permitía mantener bajo control la situación... Hoy en día, la reputación nos la jugamos en muchos más «terrenos de juego» con menos audiencia cada uno de ellos pero, debido a la capacidad de distribución viral característica de este medio, de consecuencias y repercusión imprevisibles. Los usuarios de un determinado soporte evalúan nuestras actuaciones, contenidos, comentarios, reacciones, etc. y lo valoran por medio de puntuaciones (factor cuantitativo) y comentarios (factor cualitativo). A medida que nuestra reputación crezca o la valoración de nuestro contenido sea mayor, este irá ganando reconocimiento en la comunidad, popularidad y, por tanto, tráfico. Llegado cierto punto de reputación podemos transformarnos en referentes: gurús, expertos... La reputación *online* es una vía rápida para lograr menciones, positivas o negativas, ya que el propio hecho de valorar contenido genera reputación para quien lo hace.

Lo que las organizaciones deben tener claro es que en el nuevo ecosistema virtual donde deberemos desarrollar una parte relevante y creciente de nuestra actividad, se pierde el control y, por lo tanto, se deben emplear técnicas de gestión diferentes y sobre todo se debe cambiar la cultura y el *modus operandi* de las grandes organizaciones. Los mercados han dejado de ser monólogos donde las empresas emiten de manera machacona y unidireccional sus mensajes a las masas para crear imagen de marca y pasan a ser conversaciones[3].

La forma más eficaz de controlar las menciones sobre nombres y marcas es su generación de forma proactiva: construir contenidos propios para que otros no puedan ocupar ese espacio con sus concepciones. Cuanto mayor contenido generen personas y organizaciones interesadas, más difícil resultará a un tercero que sus comentarios superen en exposición a los de sus mayores defensores. Por otro lado, la creación de información sobre nosotros mismos, puede aumentar el escrutinio de terceras personas sobre nuestras actividades y discursos.

Otra de las claves de este nuevo entorno es la transparencia y autenticidad. Los usuarios no perdonan las faltas de respeto (explícitas o implícitas) como tratar de engañar, verdades a medias y letra pequeña torticera. Se castigan duramente las actuaciones poco frescas y sinceras y se premian la honradez y humildad. Se deben gestionar los problemas admitiendo los errores, pidiendo perdón y, sobre todo, reparando el daño y poniendo los medios para que no se repita.

En muchas ocasiones, nos enfrentaremos a críticas o comentarios más o menos generalizados que no compartimos o que consideramos incorrectos. En algunos momentos, incluso faltos de respeto y claramente agresivos. En esos casos es mejor enfrentarse al problema con valentía y determinación pero también con suavidad y respeto. Tratando con respeto y mesura a todos los interlocutores, explicando nuestra posición con humildad y argumentos así como manteniendo un tono conciliador. Los resultados a medio y largo plazo de este modo de actuación suelen ser positivos pero en el corto plazo se pueden vivir situaciones desagradables. Es el riesgo de estar expuesto a la sociedad en estado puro, sin barreras, la gran empresa es uno más, solo eso.

BUSCADORES

11

La herramienta de marketing *online* que concentra el mayor interés y la mayor parte de la inversión es, sin duda, el buscador. El motivo es bastante lógico ya que los buscadores son el principal medio que utilizan los clientes para llegar a los sitios donde informarse y realizar sus compras. Es por tanto un medio muy contextualizado donde es el propio cliente quien nos revela su interés al introducir los términos de búsqueda. En España, el principal es Google que cuenta con una penetración tan mayoritaria que convierte a las demás opciones en casi irrelevantes.

Ante el impresionante incremento del número de búsquedas que los usuarios realizan *online*, para los profesionales de la comunicación se genera en este entorno un increíble mundo de oportunidades de comunicación. La actitud del usuario —nuestro potencial cliente— ante los mensajes publicitarios insertados en este medio es inmejorable, ya que aparecerá un anuncio respondiendo a una necesidad por él planteada en el momento en que espera respuestas.

1. El marketing en buscadores

Teniendo en cuenta que la inmensa mayoría de los internautas utilizan los buscadores para comprar u orientar sus decisiones de compra, además de para seleccionar los sitios donde quieren navegar, cualquier estrategia de comunicación y comercio electrónico en la red que pretenda tener éxito tiene que pasar por establecer y ejecutar una buena estrategia de presencia en los buscadores. En especial en Google.

Esta magnífica oportunidad de acceder a nuevos clientes se puede aprovechar de dos modos.

1. SEO o *Search Engine Optimization*. Consiste en optimizar nuestro *site* para lograr una buena posición en los términos de búsqueda más interesantes para nosotros, dentro de los llamados resultados naturales u orgánicos, es decir, aquellos que son fruto en exclusiva de la indexación basada en los algoritmos internos del buscador. No se puede pagar para conseguir una buena posición. Lograr un buen posicionamiento dependerá de otros factores.

Cuadro 11.1 Ejemplo de resultados naturales de búsqueda: SEO

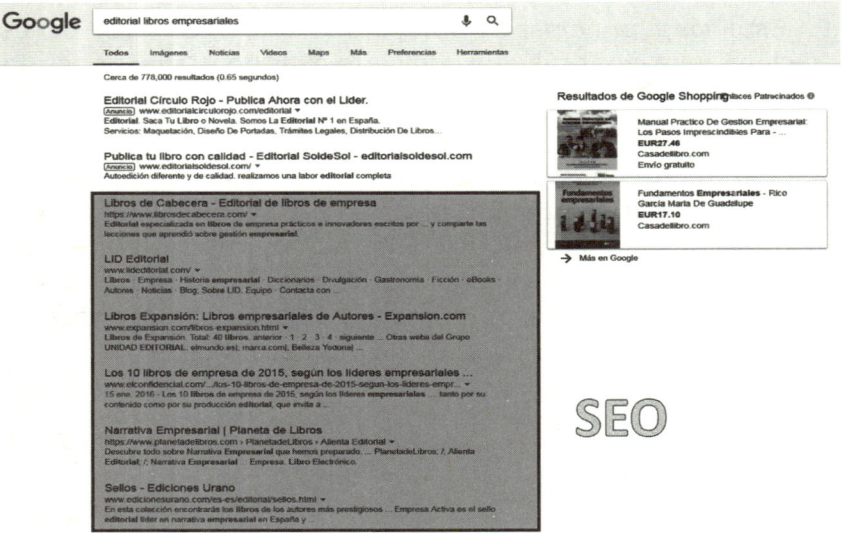

2. SEM o *Search Engine Marketing*. Consiste en utilizar la posibilidad de colocar anuncios pagados para las palabras clave de nuestro interés en los resultados de búsqueda de los usuarios. Se trata de una estrategia de pago y nuestros resultados dependerán en gran medida, aunque no en exclusiva, de cuánto estemos dispuestos a pagar. Se distinguen de los resultados naturales porque están identificados con la palabra Anuncio o Enlaces Patrocinados.

Cuadro 11.2 Ejemplo de resultados de búsqueda de pago: SEM

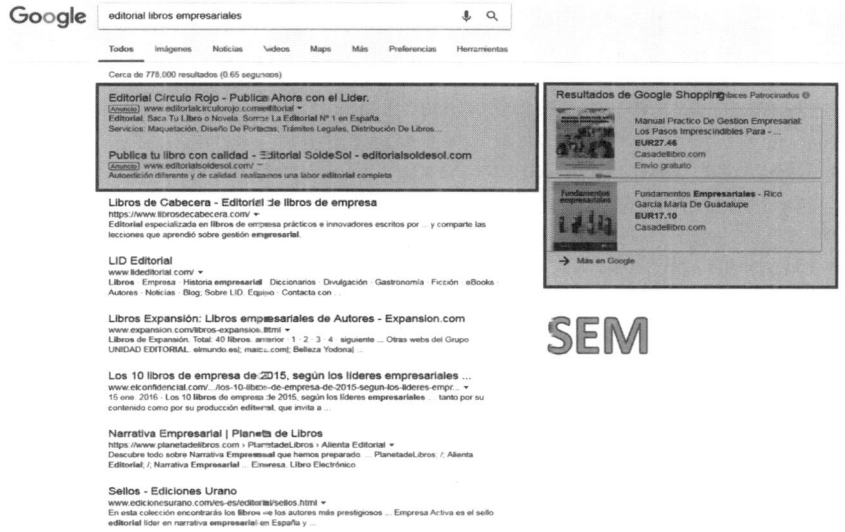

El carácter un tanto tecnológico y en apariencia complejo de esta herramienta provoca una cierta sensación de escepticismo y esoterismo en torno a todo lo que la rodea. La enorme demanda de posicionamiento ha provocado un gran auge de profesionales cuyo trabajo consiste en tratar de ayudar a otros a posicionar mejor sus páginas web o a generar y optimizar sus campañas de SEM.

2. Posicionamiento natural *(Search Engine Optimization)*

La optimización para posicionamiento natural (SEO) agrupa varias áreas de conocimiento y capacidades que permitirán, a medio o largo plazo, mejorar las posiciones en el ranquin de resultados de los buscadores para nuestra página. Se trata de un proceso que incluye cuatro principios clave: indexación, relevancia, popularidad y honradez.

- **Indexación**: o haz tus páginas web *Search Engine Friendly*[1]. A la hora de diseñar y programar un sitio web ten en cuenta que no solo los usuarios navegarán por él.

- **Relevancia**: o concordancia entre las palabras clave y los contenidos de una determinada página web.

- **Popularidad**: o importancia que el sitio tiene para la comunidad internauta.

- **Honradez**: no intentes engañar al motor de búsqueda tratando de posicionarte bien en términos de búsqueda que puedan resultar interesantes por el volumen de tráfico que generan pero que no tienen mucho que ver con lo que busca el usuario.

Estos importantes principios están relacionados con el proceso de desarrollo de nuestra web, con la forma de escribir en ella y con el modo de vinculación y relación de los contenidos de nuestro *site*, internamente y con el resto de la *World Wide Web*.

En conclusión, el posicionamiento en buscadores (SEO) tiene dos importantes aspectos que deben ser tenidos en cuenta de forma simultánea y con igual relevancia: la redacción y organización del contenido; y el técnico o programación del *site*. Por tanto, a la hora de diseñar y desarrollar la página web se deben balancear ambos aspectos en perfecta sintonía tratando de lograr, en todo momento, un óptimo equilibrio entre una página sencilla de rastrear e indexar para los buscadores y unos contenidos atractivos para el internauta. O lo que es lo mismo: aquello que incluyamos en nuestra *website* debe ser interesante para los humanos que buscan y, al mismo tiempo, estar orientado a lograr un buen posicionamiento en las *keywords* que más tráfico nos pueden traer o, de una forma u otra, maximicen nuestros objetivos.

Un buen trabajo de SEO se tiene que hacer en tres etapas:

- Seleccionar los términos de búsqueda o *keywords* que más nos interesan y priorizarlos para cada página del *site*. Este es un paso común para desarrollar acciones tanto en SEO como en SEM. Conocer cómo nos buscan y esperan encontrarnos nuestros potenciales clientes es fundamental para conseguir un buen posicionamiento.

- Trabajar la relevancia de nuestras páginas para esos términos de búsqueda seleccionados. Se hace básicamente a través de factores internos de diseño y construcción de la página así como de redacción y organización de los contenidos. La mejor forma de conseguir un buen posicionamiento es creando un contenido actual y de calidad.

- Incrementar la popularidad obteniendo enlaces externos de *sites* que sean muy relevantes para los contenidos y palabras clave que nos interesan. No se trata de tener multitud de enlaces que nos apunten sino que seamos capaces de equilibrar cantidad de enlaces con calidad de *sites* muy afines a nuestros contenidos.

- Seguimiento de los resultados y mejora continua. El posicionamiento es algo vivo. Si no lo trabajamos de modo continuo podemos perder todo lo ganado con mucho esfuerzo.

3. Publicidad pagada (SEM)

Denominamos *Search Engine Marketing* (SEM) a la técnica que consiste en utilizar publicitariamente los enlaces patrocinados que los buscadores comercializan como forma de financiar su actividad.

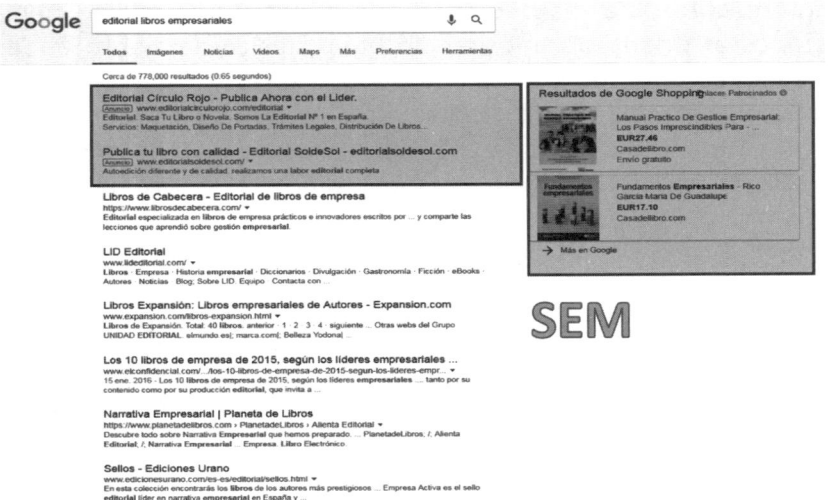

El anuncio o **enlace patrocinado** proporciona un alto grado de afinidad con *targets* comerciales difíciles de alcanzar con otros medios, llegando a nichos específicos con alta capacidad de segmentación. Son el complemento de campañas creativas convencionales, de rápida implementación y gran control gracias a que el anunciante fija lo que está dispuesto a pagar por cada visita a su *site*. Sus principales características son:

- Responde a una demanda/interés del potencial cliente en el momento decisivo del proceso de compra, pudienco convertirlo en acción. El criterio de segmentación es el propio deseo del usuario acerca del contenido.

- Solo se paga si el usuario «hace clic» para visitar nuestra página, con independencia del número de impresiones que se sirvan.

- La posición en que aparecerá nuestro anuncio dependerá de cuánto estemos dispuestos a pagar por cada visita y del interés que despierte en el usuario, medido este a través del CTR (*Click Through Rate*)[2].

- Control de respuesta en tiempo real, monitorizando qué funciona mejor y la posibilidad de optimización constante de la campaña.

- Es posible realizar pruebas iniciales con bajos presupuestos y sin necesidad de formación específica. Se puede controlar el gasto máximo por *keyword*, campaña, día…

3.1. Diseño de una campaña SEM

Como ya hemos comentado, el *Search Engine Marketing* consiste en utilizar las posibilidades que brindan los buscadores de aparecer como resultados patrocinados en las búsquedas de los usuarios. Se trata de un marketing tremendamente efectivo siempre que la campaña esté pensada de forma adecuada. La actitud del usuario hacia nuestro producto o servicio será extraordinariamente positiva, ya que se corresponde con algo que está buscando de manera activa.

Los componentes fundamentales de una campaña de SEM son los siguientes.

- **Keywords:** o palabras clave en las que deseamos que aparezcan nuestros anuncios.

- **Creatividad:** en la mayoría de los casos, la creatividad se compondrá de texto organizado en un título —25 caracteres máximo en Google—, dos líneas —35 caracteres máximo cada una—, una URL visible —35 caracteres máximo— y una URL de destino no visible por el usuario adonde dirigiremos los clics que obtengamos con el anuncio.

- **Landing page:** o página de destino. Será la web que recibirá el tráfico de todo el que haga clic en nuestro anuncio.

- ***Pay per click* (PPC):** o puja máxima que estamos dispuestos a pagar por cada clic.

Otros elementos de una campaña SEM son:

- **Grupos de anuncios**: grupo de *keywords* que comparten creatividades y que se pueden gestionar de forma simultánea activando, pausando, deteniendo o eliminando de forma conjunta. Son un elemento imprescindible para gestionar una campaña compleja.

- **Campañas**: conjunto de grupos de anuncios que queremos gestionar de forma homogénea. De igual modo, se puede habilitar, detener, eliminar y pausar toda una campaña en su conjunto. Adwords solo permite un máximo de cien grupos por campaña y un máximo de 25 campañas por anunciante.

- **Inversión máxima**: en campaña o grupo de anuncios por día. Estos importantes parámetros nos permiten regular el nivel de inversión deseado, lo cual es de extraordinaria importancia en el lanzamiento para evitar pérdidas excesivas en el periodo de aprendizaje. No hace falta gastar mucho dinero para aprender.

- **Concordancia**: refleja el grado de similitud que debe haber entre la *keyword* por el que pujamos y la búsqueda que en realidad ha hecho el usuario para que se muestre el anuncio. Esta puede oscilar entre:

    - Exacta: solo se muestra el anuncio cuando el usuario ha tecleado de manera exacta la palabra clave.

    - Amplia: en este caso Google no solo muestra el anuncio cuando el usuario teclea cualquier combinación de palabras que sean parecidas o tengan un significado similar. Por ejemplo ante una puja por la palabra «automóvil» el anuncio se mostraría en la búsqueda «coche»

    - Modificada: es un caso similar al anterior pero la diferencia es que no se admiten sinónimos. Es decir, Google mostraría el anuncio que contuviese las palabras que buscamos con independencia del orden y de que la *keyword* que busca el usuario tenga más términos. Por ejemplo si pujamos por «botas fútbol», nuestro anuncio aparecería si el usuario busca «fútbol botas baratas» pero no si busca «zapatillas fútbol».

- De frase: en este caso la expresión que se busca tiene que coincidir literalmente con la puja pero también aparecería el anuncio si la búsqueda del usuario incluye algún término más. Por ejemplo, si pujamos por «camiseta blanca» nuestro anuncio no aparecería si busca «blanca camiseta» (el orden es diferente) pero sí en caso de teclear «camiseta blanca barata» o «comprar camiseta blanca».

- Negativa: nunca se mostraría el anuncio si el usuario introduce estas palabras. Por ejemplo pujo por la palabra aceite pero con concordancia negativa para «girasol» o «soja». El anuncio nunca se mostraría, con independencia de la concordancia expresada para la *keyword*, si el usuario teclea aceite de girasol o aceite de soja ya que ambas contienen la *keyword* que sabemos no nos interesa.

3.2. Pasos a seguir en una campaña SEM

A la hora de iniciar una campaña de SEM debes seguir los siguientes pasos.

Paso 1. Definir las *keywords*

Lo primero que hay que hacer, antes de plantear y diseñar la campaña, como en el resto de los casos, es definir los objetivos. Estos pueden ser muy diversos en función de nuestro negocio y de lo que estemos buscando obtener con nuestra comunicación:

- Estrategia de *branding:* generar notoriedad de marca o conocimiento de un nuevo lanzamiento.

- Estrategia de visitas: conseguir que el usuario interactúe de forma intensa con nuestra web.

- Estrategia de *leads:* conseguir datos de contacto del cliente con permiso expreso para contactar.

- Estrategia de ventas: vender productos a clientes nuevos con el objetivo de captarles para ventas posteriores.

- Estrategia de rentabilidad: conseguir transacciones esperando de cada una de ellas retorno inmediato de la inversión en comunicación.

Cada estrategia requiere apostar por *keywords* diferentes. Por ejemplo una estrategia de *branding* nos llevaría quizá a pujar por palabras clave muy genéricas y con concordancia amplia para impactar en mucha gente con interés en el área de nuestro negocio, mientras que una estrategia de *performance* donde se necesita tener mucho más segmentado el interés del usuario nos podría llevar a *keywords* más específicas con concordancias más limitadas. Por ejemplo, si nuestro negocio es una tienda *online* nueva de ordenadores portátiles y queremos hacer *branding* apostaríamos por la *keyword* «ordenadores portátiles» con concordancia amplia, lo que nos daría mucha visibilidad con poca segmentación por intención. Pero si queremos centrarnos en una estrategia de captación de clientes o rentabilidad inmediata, es probable que nos inclinásemos por la palabra clave «comprar ordenador portátil» con concordancia exacta o de frase. De este modo tendríamos menor visibilidad pero más segmentada y con mejor conversión.

Paso 2. Redactar las creatividades

A continuación, es necesario definir las creatividades que se mostrarán en los anuncios como resultados patrocinados en las búsquedas de los usuarios. Hay que tener en cuenta que la creatividad determinará el resultado que obtengamos de la campaña ya que condicionará el deseo de visitar nuestra página así como la expectativa de lo que se encontrará allí una vez «aterrice». Es decir, no solo hará que recibamos más o menos visitas, sino que además condicionará en gran medida el comportamiento del visitante recién llegado a nuestra web.

Las creatividades se deben concebir pensando, sobre todo, en los objetivos que esperamos de nuestra campaña. Veamos un ejemplo para entender este concepto. Supongamos que una tienda *online* de videojuegos quiere hacer una campaña de SEM y ha seleccionado la *keyword* «videojuegos» dentro de una completa campaña. Se le proponen estas tres creatividades diferentes:

Videojuegos
Tenemos todos los videojuegos del mercado y te los llevamos a casa.
www.tusvideojuegos.com

Videojuegos Gratis
Visita ahora la mejor tienda de videojuegos
y llévate gratis tu videojuego favorito.
www.tusvideojuegos.com/videojuegos gratis

Comprar Videojuegos
Compra ahora cualquier videojuego y te
los llevamos a casa. Los tenemos todos.
www.tusvideojuegos.com/tienda

Se intuye con facilidad que cada una de estas opciones tendrá resultados muy diferentes.

- En el primer caso, estamos comunicando un mensaje muy genérico que favorecerá la generación de imagen de marca pero que no incitará en gran medida al clic y menos a la conversión.

- En el segundo caso, la creatividad atraerá mucho tráfico que puede resultar frustrado al descubrir que, obviamente, el regalo tiene sus condiciones más o menos fáciles de cumplir. Sin embargo, puede ser muy exitosa si se trata de captar registros relacionados con un sorteo de un lote de videojuegos solo por suscribirte a una *newsletter*.

- En el tercer caso, se filtrará solo a los interesados en comprar *online* este tipo de productos por lo que es probable que el tráfico generado tendrá mejor tasa de conversión y favorecerá la rentabilidad inmediata en contra de generar mucho tráfico.

El sistema Adwords de Google permite generar múltiples creatividades simultáneas. Esto favorece la optimización de los anuncios de forma progresiva, cosa que podemos hacer nosotros mismos determinando en qué porcentaje queremos que aparezca cada anuncio, o podemos dejar que Google lo optimice solo. En este caso, el sistema irá seleccionando sin nuestra intervención las creatividades que más CTR consiguen y, por tanto, más interés despiertan entre los usuarios.

Paso 3. Elegir las *landing pages*

Si queremos que nuestra campaña de SEM resulte un éxito, tan importante como seleccionar bien las palabras clave y redactar buenas creatividades es seleccionar de manera acecuada las páginas donde el usuario «aterrizará» cuando haga clic en nuestro anuncio. Es un error muy extendido enviar todo el tráfico a la *home page* de nuestro *website* con independencia de cual sea el anuncio ya que desde ella se podrá acceder a todo el *site*. Supongamos que gestionamos una tienda de fotografía. En este caso, posiblemente generaremos *keywords* de naturaleza muy diferentes:

- **Genéricas de los productos o servicios que ofrecemos**: tales como cámaras fotográficas, cámaras digitales, comprar cámaras de vídeo... Estos términos indican una actitud de búsqueda muy genérica hacia nuestros productos por lo que el mejor destino para el usuario será una *landing page* creada *ad hoc* para mostrar una selección óptima de estos productos. Si no es posible crear *landing pages* específicas para campañas, el mejor destino sería la *home* o *subhome* de la categoría correspondiente.

- **Relacionadas con productos o servicios con alguna característica determinada**: cámaras baratas, ofertas cámaras vídeo, cámaras réflex, cámaras recomendadas... Aquí, el usuario espera encontrar una selección concreta de artículos que responda a sus intereses. Si se le dirige a una página muy genérica, habrá muchas posibilidades de que pase de largo y continúe navegando, pero si se le dirige a una sección específica donde se encuentra una selección de productos que responde bien a lo que está buscando, es posible que realice la compra.

- **Relacionadas con productos o servicios adicionales**: tales como revelado digital, accesorios, objetivos... En esta opción, a no ser que dirijamos al usuario a una sección específica donde se encuentre lo que está buscando, la probabilidad de abandono rápido es muy alta, ya que pensará que el sitio donde ha llegado no satisface sus necesidades y no se tomará mucho tiempo en ver si está en lo cierto o no.

- **De productos específicos**: Canon IXUS 400, Pentax K7... El internauta, tras el clic, espera encontrar información y/o precio específico de un producto. Si no lo encuentra a la primera volverá atrás y probará en el siguiente anuncio, sin molestarse en hacer una búsqueda dentro de nuestro *site* porque para eso ya la ha hecho en el buscador.

En definitiva y como es lógico, existirán muchas más posibilidades de éxito en nuestra campaña si el destino de la visita del usuario es a una página con información lo más concreta posible y centrada en el interés del mismo.

Paso 4. Determinar el CPC máximo (PPC^3 en terminología SEM)

El último paso imprescindible para definir una campaña de *Keyword marketing* es determinar cuánto estamos dispuestos a pagar como máximo por las visitas que recibiremos. Se trata de un paso crítico ya que tanto los resultados en términos de número de visitas como de rentabilidad estarán condicionados por este importante parámetro. Es necesario entender que la posición de los anuncios viene definida por la combinación de tres factores:

- Lo que estés dispuesto a pagar en forma de CPC máximo.

- El factor de interés de tu anuncio en relación con el término de búsqueda en forma de CTR (división entre el número de clics y las veces que aparece tu anuncio o impresiones).

- La calidad de la página de destino valorando que el contenido sea de calidad y afín a la búsqueda realizada.

Podríamos considerar el primer factor independiente de los otros dos: si pagas más, estarás más arriba. Pero esta no es la filosofía de Google. Esto ocurrirá pero los usuarios tendrán mucho que decir en la posición en que aparezcan tus anuncios mediante su voto (medido a través del CTR) determinando si tu *site* es interesante o no para ese término de búsqueda.

En este tipo de marketing no se fija la cantidad de dinero a pagar por cada clic, sino la cantidad máxima que estás dispuesto a pagar. Esto implica que si pagando una cantidad inferior tu anuncio puede ya colocarse en primera posición, el sistema lo hará de forma automática sin necesidad de que tú bajes la puja. De este modo, los costes se optimizan de forma autónoma cuando existe la posibilidad de obtener los mejores resultados en términos de posición, sin necesidad de gastar el límite máximo que te has fijado.

Por ejemplo, si fijas un CPC de 0,50 € por clic para la *keyword* «hipotecas con seguro de desempleo» dentro de una campaña que pretende conseguir interesados en suscribir este producto y durante algún día de la campaña solo hay otro interesado en esa *keyword* que está dispuesto a pagar 0,30 €, el sistema lo detectará y de forma automática pasará a cobrar solo 0,31 € por cada clic y seguirás apareciendo en primera posición. No olvidemos que en este ejemplo y a efectos didácticos, en ambos casos el CTR de la campaña es el mismo ya que la posición dentro de los resultados depende básicamente del CPC y del CTR de forma conjunta.

Para obtener un buen CTR (que hemos visto condiciona mucho lo que tenemos que pagar por cada clic al final) es importante tener un conjunto de términos de búsqueda orientado y segmentado a los usuarios que deseas captar y redactar las creatividades que les animen a visitar nuestra página. De este modo, podremos realizar campañas con una posición elevada en los resultados de búsqueda, incluso pagando menos que otros competidores con una campaña peor opt mizada.

4. Optimización de campañas SEM

El proceso de diseño y ejecución de una campaña de marketing es complejo y hay que tener en cuenta muchos factores. Pero aquí no acaba la cosa. Una vez iniciada la campaña no hemos hecho más que empezar. El marketing de buscadores requiere mucha atención, ya que pequeños desajustes provocan importantes disfuncionalidades que deben trabajarse de forma continua si el objetivo es lograr buenos resultados.

Cuadro 11.3 Los cuatro factores claves en las campañas SEM

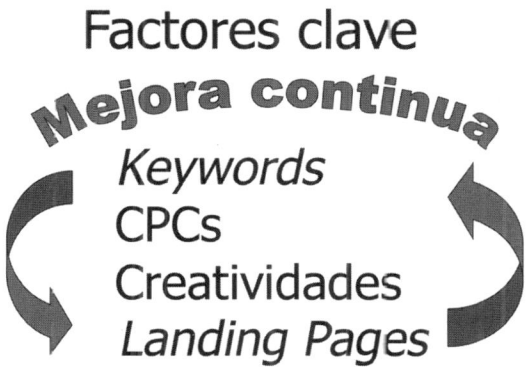

El proceso de optimización constante debe incluir las siguientes acciones:

1. **Potenciar.** Para tratar de sacarle el máximo partido a aquellas campañas que están funcionando bien con óptimos resultados, nos debemos plantear si podemos captar más tráfico poniendo en marcha las siguientes tácticas:

a. Aumentar el número de términos de búsqueda relacionados con esa temática o de comportamiento similar.
   b. Incrementar el CPC máximo.
   c. Realizar creatividades más agresivas para recibir más visitas.
   d. Mejorar las *landing pages* para conseguir que el tráfico genere mejores resultados.

2. **Optimizar.** Cuando una campaña está dando resultados aceptables pero todo indica que es mejorable, se tratará de potenciar lo que esté funcionando mejor y eliminar o hacer que pierda peso aquello que está funcionando peor. Además de las acciones anteriores, se deberán revisar en profundidad los grupos de palabras que están teniendo peor resultado.

3. **Recuperar.** Cuando un grupo de anuncios o una campaña está dando resultados malos pero sin ser desastrosos, todo indica que se puede optimizar para entrar en zona de resultados positivos. Para realizar esta labor, suele ser necesario hacer algo de «microcirugía». En este caso, conviene entrar a analizar los grupos de anuncios y *keywords* que están ofreciendo malos resultados con mucho tráfico. En varias ocasiones, para recuperar la campaña, habrá que pasar al siguiente punto.

4. **Descartar.** Para mantener el grueso de una campaña y óptimos resultados en nuestras campañas SEM, deberemos eliminar aquellos grupos y *keywords* que tienen malos resultados y que no ha sido posible mejorar a pesar de haber probado a cambiar los parámetros clave, sobre todo bajar el CPC máximo. Es posible empezar a obtener resultados positivos a pesar de perder una parte significativa del tráfico.

5. **Abandonar.** Si un grupo o campaña no consigue entrar en buenos resultados a pesar de haber intentado todo lo anterior.

6. **Apostar.** Dedicar siempre un presupuesto a hacer nuevas pruebas con otros conceptos y grupos de anuncios tratando de buscar siempre nuevas oportunidades de mejorar nuestros resultados a medio plazo.

El resultado del trabajo de optimización de campañas SEM deberá traducirse en:

1. Disminución del número de impresiones cuando la campaña está sobrepasando los costes objetivos planteados, casi siempre por utilizar un conjunto de términos de búsqueda más relevante o por bajar CPCs máximos.

2. Incremento del número de clics, gracias a una mejor segmentación, adecuación al nicho, adaptación de las campañas a los usuarios y mejora de los anuncios.

3. Como factor relacionado, incremento del CTR (número de clics entre el número de impresiones).

4. El número de conversiones crecerá al obtener un tráfico segmentado de mayor calidad.

5. El coste por conversión disminuye.

6. Como consecuencia de todo ello, la acción es más rentable.

OTRAS HERRAMIENTAS DEL MARKETING *ONLINE*

12

En los tres capítulos anteriores hemos visto las principales herramientas del marketing digital: la web, las redes sociales y los buscadores. Siendo estas las herramientas básicas que difícilmente pueden faltar en las campañas *online*, hemos visto también que hay otras herramientas que nos pueden resultar muy útiles para lograr nuestros objetivos. En términos amplios diríamos que son las siguientes:

- Email o *permission marketing*: consiste en enviar mensajes de correo electrónico directos a los clientes o potenciales.
- Afiliación.
- *Display.*
- Vídeo.
- Contenidos o *content marketing*.

1. *Email marketing*

El *email* o correo electrónico es una de las herramientas del marketing *online* más veterana y conocida. Es la traslación inmediata del marketing directo tradicional al mundo digital. La gran ventaja que tiene en el mundo virtual es que eliminamos los dos principales costes del *mailing* postal: la producción y el envío. El coste de diseñar y producir un catálogo, encartarlo y de franqueo se eliminan por completo: una gran ventaja que hace que el coste marginal de hacer un envío sea casi nulo. El problema es que ello ha provocado un abuso que ha ido generando una progresiva pérdida de eficacia del mismo.

Hablamos de *permission marketing* ya que para poder hacer envíos es imprescindible haber obtenido de manera adecuada el consentimiento expreso del receptor a recibir comunicaciones comerciales. Por ello, un elemento fundamental de esta estrategia es conocer a la perfección y saber aplicar la estricta normativa que en este campo han ido desarrollando los diversos Estados para proteger a sus ciudadanos. Aunque con diferentes matices, en casi todas partes existen fuertes sanciones para quienes de forma voluntaria o por desconocimiento incumplen las leyes y normativas que regulan esta actividad.

Podemos hacer *eMail marketing* por dos vías:

- **Bases de datos propias**: aquellas que hemos ido generando con nuestra actividad, bien solicitándolo en exclusiva para hacer envíos de *newsletters*, boletines, catálogos, ofertas y novedades, o bien para los clientes que hemos ido acumulando con el tiempo. En ambos casos, el suscriptor debe haber dado consentimiento expreso para recibir nuestras comunicaciones, pero ya nos conoce.

- **Bases de datos ajenas**: existen bases de datos que al generarse han obtenido el consentimiento expreso para hacer envíos de terceros, incluso para que sus datos puedan ser cedidos a otros. Existe una normativa tremendamente exigente en este sentido, además de un férreo control por parte de las autoridades para evitar que se incumpla pero, en muchos casos, esta actividad se puede realizar sin incumplir ninguna normativa.

Como es de esperar, la eficacia de las acciones realizadas sobre bases de datos propias es muy superior a la que se puede llegar a obtener con datos ajenos. Además, las primeras son mucho más rentables ya que su coste tiende a cero mientras que las campañas basadas en datos de terceros suelen tener un coste bastante elevado.

Es fácil comprobar que el *eMail marketing* es una herramienta eficaz (consigue resultados), rápida (es fácilmente automatizable y controlable con sistemas de información) y económica (el coste de envío tiende a cero, y para volúmenes grandes comparado con otros canales de comunicación es más bajo) para comunicarnos con nuestros clientes o potenciales clientes. Y, sobre todo, permite un alto nivel de personalización, de marketing *one-to-one*.

El correo electrónico puede tener como objetivo la captación de nuevos clientes, la retención de los actuales, o informar de forma regular a clientes y/o potenciales clientes sobre nuestras ofertas. En general, hablaremos de *permission marketing* en aquellos casos en que cualquiera de ellos ha accedido a recibir la comunicación.

El objetivo de estas comunicaciones comerciales es que el receptor de nuestro mensaje no solo lo reciba «técnicamente» (cómo cuando recibimos una carta) sino que además este mensaje tenga un impacto esperado y positivo en él (que no lo tire a la basura). Buscamos influenciar al receptor del mensaje con el mismo. En este sentido, el marketing directo es una de las herramientas más potentes que existen.

Conocer y dominar esta importante herramienta es una necesidad imperiosa para cualquiera que quiera trabajar en marketing *online*. Veamos ahora cómo utilizarla de manera exitosa.

1.1. Características del *email marketing*

El *eMail marketing* atesora todo lo bueno y lo malo que tiene el mundo digital en general, es decir, interactividad, fácil replicación, flexibilidad, bajos costes de producción y tiempos de comunicación y respuesta, entre otras características, pero hay aspectos particulares que debemos tener en cuenta.

- El *email* es una herramienta asíncrona. No interrumpimos al consumidor con nuestro correo, sino que este se almacena en su bandeja de entrada hasta que lo lee.

- Permite una alta interactividad. Pasar del *email* a una web es muy sencillo, así que las acciones no tienen por qué quedarse solo en recibir un correo de respuesta, sino que se pueden elaborar encuestas en la web o facilitar el proceso de pedidos en ella.

- Ojo con el formato elegido. No todos los usuarios verán igual el correo. Según lo estén abriendo en un Pc, Mac, tableta o *smartphone* por ejemplo es posible que la percepción del contenido sea muy diferente.

- Es a la vez un medio masivo e individualizado, ya que podemos enviar un mensaje global a millones de clientes y, sin embargo, podemos ir adaptando cada *email* a cada uno de ellos.

- El coste marginal, es decir, el coste extra por unidad enviada, es casi nulo.

Lo que diferencia y convierte el *Email marketing* en *permission*, es conseguir la autorización expresa del usuario para comunicarnos con él, inicialmente vía *email* aunque estos correos pueden remitirle después a webs con juegos, encuestas u otras posibilidades. Así que lo siguiente que debemos conocer son las maneras posibles que tenemos para conseguir ese permiso y de este modo incrementar la respuesta esperada.

- **Opt-out:** también conocido como consentimiento pasivo, dado que informamos al consumidor de que le hemos incluido en una lista con fines comerciales, pudiendo darse de baja si así lo desea. La ventaja de este sistema es que muchos clientes no reciben la información de la inclusión o, si lo hacen, no llevan a cabo la baja del servicio, lo que permite contar con listas muy grandes de manera fácil y rápida. Sin embargo el nivel de intrusión es mayor, siendo considerado en muchos sitios como *spam*. En la legislación española no está admitido como consentimiento suficiente.

- **Opt-in:** se trata de un consentimiento expreso, porque el cliente nos ha proporcionado su aprobación de manera activa y podemos hacerle envíos con su beneplácito.

- **Doble *opt-in*:** consentimiento expreso reforzado. En este caso, tras inscribirse el usuario y recabar el consentimiento expreso, le enviamos un *email* para confirmar su deseo de inscribirse y le pedimos que nos confirme su interés haciendo clic en un enlace insertado en el correo. Si el usuario no realiza esta acción no se incluye al usuario en la base de datos y no se le realizan más envíos.

- ***Opt-in/Opt-out:*** es otra variante de consentimiento expreso y reforzado pero con un grado de refuerzo inferior. En este caso, tras la inscripción inicial, realizamos el envío de un correo de confirmación. La diferencia con el anterior es que ahora solo le informamos de su inclusión y le decimos que si no quiere ser incluido finalmente en la base de datos debe seguir el enlace de baja. Es decir, si el usuario no hace nada quedará incluido en las futuras comunicaciones.

1.2. El proceso del *Email marketing*

Nuestro objetivo es generar campañas de *Email marketing* exitosas. Para ello, vamos a estudiar un proceso que nos permitirá realizar de manera correcta una campaña, detallando cada uno de los pasos a dar.

1. Estrategia: definiendo los objetivos a alcanzar con la campaña de comunicación.

2. Impactos: ¿con qué frecuencia impactaremos en los clientes o potenciales clientes de la base de datos generada?

3. Planificación: diseño y planificación de las campañas. ¿Cómo serán estos impactos? Pueden variar desde netamente comerciales (ofertas por ejemplo) hasta envíos de contenido de calidad con un fin no abiertamente comercial.

4. Diseño del envío: creación de la creatividad y contenido específico para cada campaña.

5. Realización de *test:* pruebas piloto para mejorar los porcentajes de éxito. Se trata de entender qué funciona mejor y peor antes de hacer un envío masivo. Por ejemplo si tenemos dudas de dos posibles promociones diferentes, podemos hacer un *test* previo con un envío de la promoción de uno a mil suscriptores y de la promoción de dos a otros mil suscriptores diferentes escogidos de forma aleatoria.

6. Envío del *emailing*: ejecución de la campaña.

7. Seguimiento de los resultados: lo que no se puede medir, no se puede mejorar.

8. *Feedback*: mejora y actualización de la base de datos, así como del proceso, para futuras campañas.

2. Afiliación

La afiliación ha sido una de las grandes —como tantas otras— aportaciones de Amazon al comercio electrónico y al marketing *online*. Es posible que no fuesen los inventores, *estrictus sensus,* pero es indudable que este sencillo sistema de compartir ingresos y gestionar marketing de resultados se popularizó y se ha consolidado como una herramienta potente y muy usada, sobre todo en comercio electrónico.

Podemos considerar el marketing de afiliación como un canal de distribución y/o publicidad, donde las empresas anunciantes ponen a disposición de pequeñas páginas web (afiliados), campañas publicitarias para la promoción de sus productos (programa de afiliación). Los anunciantes solo pagan por los resultados que obtienen (clic, *lead*[1] y/o venta). Por lo tanto, una red de afiliación es una empresa que actúa como intermediario comisionista entre los soportes (afiliados) y los anunciantes. Esta red permite a los afiliados encontrar campañas de publicidad sin tener que realizar una actividad comercial y a los anunciantes alcanzar a su público, en general muy segmentado y difícil de impactar.

Cuadro 12.1 Esquema de funcionamiento del marketing de afiliación

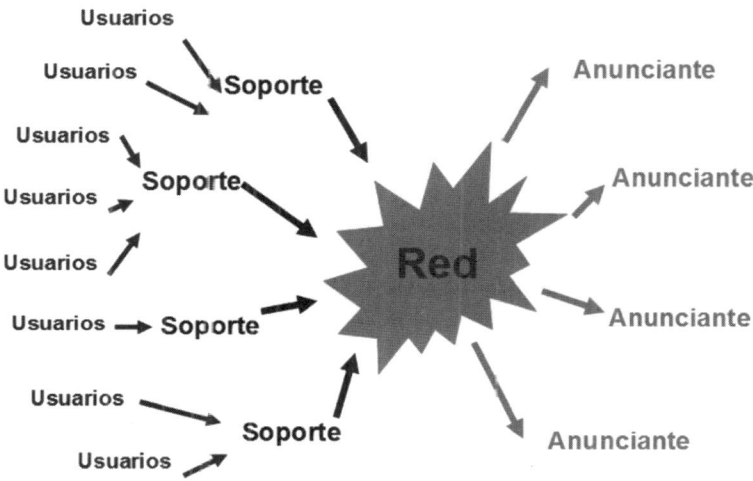

Según se muestra en el gráfico, por un lado tenemos a los anunciantes que quieren conseguir tráfico para sus webs y ciertos objetivos comunicacionales y, por otro, tenemos a los soportes que atraen usuarios por sus contenidos y esperan monetizar su esfuerzo (vía publicidad o vía *revenue sharing[2]*) con anunciantes dispuestos a pagar por los resultados obtenidos. El modelo es sencillo: el anunciante incentiva al soporte para que le ponga enlaces desde su *site* a la web central de la campaña y, a cambio, le paga en función de los resultados que finalmente obtenga. El modo de generar esas conexiones puede ser muy diverso, desde simples enlaces de texto o inclusión de referencias en los contenidos, hasta formatos mucho más convencionales como *banners* (en general cualquier formato *display*) o envío de *emails*.

Para explotar esta posibilidad existen dos alternativas.

1. **Desarrollar una red propia:** en ella ofreceremos de forma directa a los soportes esta posibilidad y todo el control de los resultados estará gestionado por el anunciante. Se trata de una red exclusiva donde no se compite por el tráfico ni

por los *links*. Los modelos de retribución suelen ser públicos y universales y todos los procesos suelen estar automatizados, por lo que puede resultar rentable tener un afiliado (comisionista) a pesar de no generar apenas resultados. Según se puede deducir, esta posibilidad solo está al alcance de *sites* grandes y marcas prestigiosas, ya que el soporte deberá confiar en la honradez del anunciante que es el único garante de lo que en realidad sucede dentro de su *site* una vez el tráfico es dirigido al mismo por el soporte o afiliado.

2. **Aprovechar redes externas**: en este caso, hay un tercero de confianza por medio, la red externa que intermedia entre soporte y anunciante garantizando el cobro y la fiabilidad de las mediciones al soporte y poniendo a disposición del segundo una inmensa cantidad de posibles afiliados, al tiempo que le dota de herramientas para evitar el fraude. Estas redes suelen contar con potentes herramientas tecnológicas y constituyen un auténtico *marketplace* de tráfico y resultados donde demandantes (anunciantes) y oferentes (soportes o afiliados) compiten para lograr maximizar sus resultados y sus ingresos respectivamente.

En definitiva, lo que permite la afiliación es poner en contacto a los soportes y los anunciantes para compartir ingresos sin necesidad de tener que entablar negociaciones individuales entre ambos. Con una operativa automatizada que permite que la mayoría de esas relaciones sean rentables, a pesar de ser poco frecuentes y, en muchos casos, de muy bajo importe. Para el gran soporte puede suponer un complemento interesante para monetizar cierto tipo de tráfico difícil de lograr por otra vía. Para un soporte pequeño, que no se puede permitir desarrollar una red comercial para comercializar su publicidad o no tiene capacidad de negociación con una red externa de gestión publicitaria, esta puede ser una excepcional vía de monetizar su tráfico. Por último, para el anunciante puede suponer la única forma de poder llegar a multitud de pequeños soportes que forma individual no aportan apenas pero que en conjunto suponen una parte significativa del tráfico y, además, pagar en función de los resultados.

Cuadro 12.2 Ejemplo de programa de afiliación de www.casadellibro.com: red propia[3]

Hemos analizado el proceso pero es conveniente conocer las motivaciones y roles de cada agente dentro del mismo, de esta forma conoceremos mejor el funcionamiento del marketing de afiliación: anunciante, soporte y red de afiliación.

- **Anunciante:** es la empresa que desarrolla una campaña o programa de afiliación con el objetivo de crear una red de comerciales virtuales, pequeños soportes o afiliados, que promocionen su marca y productos. El anunciante crea el programa en función de la estrategia de campaña, rigiéndose por alguno de los siguientes objetivos:

  - **Conseguir notoriedad de marca o *branding*.** Por ejemplo, cobertura para un lanzamiento de producto o servicio con acciones de *Brand Day*[4].
  - Conseguir visitas al *site* a través del pago por clic.
  - Incrementar registros en mi base de datos mediante el pago por registro.
  - Buscar interesados en mi producto para después contactarles a través de mi canal de venta tradicional: *leads* o cupones.

- Incrementar mis clientes: pago por venta que puede ser mediante un pago fijo por transacción (por ejemplo, 10 € por pedido) o mediante remuneración variable como porcentaje de la venta (*revenue sharing*).

El principal objetivo del anunciante es priorizar e incentivar a los soportes para que logren mejor *mix* entre el volumen de negocio y el coste de adquisición que se ha establecido como objetivo.

- **Soporte o afiliado:** utilizan la publicidad ofrecida por el anunciante (*banners*, noticias, *emailings*...) o sus propios contenidos (*links*, imágenes o referencias en redacción) para conseguir desviar tráfico desde su página web al *site* del anunciante para que este convierta la máxima cantidad de usuarios recibidos en *lead*, registro y/o venta.

  Su objetivo es priorizar entre todos los anunciantes, aquellos que le proporcionen mejor *mix* de ingresos por visita y que estén más alineados con la imagen que se quiere conseguir del *site*. Por ejemplo, Mastermania.com tendrá como anunciantes objetivo universidades y escuelas de negocio, y no compañías aéreas.

- **La red de afiliación:** actúa como intermediario proporcionando al anunciante no solo la red de afiliados que capta su departamento de soportes, sino también la herramienta de *tracking*, el Adserver, los procesos de facturación, etcétera. Al afiliado o soporte, además de los anunciantes que capta su red comercial, le proporciona la herramienta de optimización de campañas, los sistemas de cobro y otras alternativas relacionadas. Su objetivo principal es tener el mayor número de anunciantes para atraer a los máximos soportes y, una vez conseguido, maximizar los resultados mediante la optimización de campañas.

Gestionar una campaña de afiliación de forma óptima requiere atención y dedicación y quizá algo de especialización. Entre los afiliados, que pueden llegar a ser cientos o miles, se tratarán de colar oportunistas y microestafadores. También tendremos que lidiar en muchos casos con interlocutores poco profesionalizados que requerirán apoyo o tenderán a no respetar las reglas establecidas. En especial, se debe prestar atención al uso que el afiliado hace de la marca para evitar abusos que puedan repercutir de manera negativa en nuestra reputación *online*. Promociones engañosas o creatividades muy agresivas e intrusivas, malas utilizaciones de los elementos de imagen corporativa como el logo o los eslóganes son relativamente habituales y se deben controlar y cortar para evitar males mayores.

En resumen, podríamos concretar que las claves para que un programa de afiliación sea un éxito son:

- Tener una marca de confianza, con productos de calidad y solvencia económica que ayudará a captar afiliados y que estos tengan mejores resultados en sus campañas.

- Escoger una red de soportes con público potencialmente interesado y contenido afín a nuestra marca o producto. Afiliados serios y responsables que cumplan las reglas. Esta red puede ser muy heterogénea lo que nos permitirá llegar a más público y de más difícil acceso. Realizar un análisis ABC de soportes —identificar aquellos que tienen un impacto relevante— y mantener una buena relación de confianza con los soportes clave.

- Seleccionar una tecnología de primer nivel, disponible tanto para el anunciante como para el soporte, que mida todos los ratios clave con los mismos criterios y que genere confianza al afiliado. En el caso de redes externas, estas se encargan de esta labor.

- Comunicación constante entre anunciante y red de afiliación o afiliados para ajustar los objetivos y optimizar la campaña: contacto y reporte de resultados diario, conferencias semanales, planificación semanal o mensual y revisiones trimestrales.

- Conseguir crear un modelo integral que pierda el enfoque en el modo de remuneración y se centre en lograr los objetivos comerciales de las partes implicadas. Si anunciante y soporte ganan, todos ganan. A medio y largo plazo solo las relaciones *win-win* se consolidarán por lo que ambos deben tener interés en que la relación sea rentable a la otra parte.

3. *Display*

Se trata de la herramienta de marketing *online* más asociada al concepto de publicidad digital. Esto sucede porque es la que más se asemeja al modo de hacer publicidad en los medios tradicionales *offline* (TV, prensa o radio). El concepto es el mismo, inserto anuncios no solicitados y sin necesidad de que tenga nada que ver con el resto de los contenidos, interrumpiendo de un modo más o menos agresivo la tarea del usuario. Es quizá la herramienta más conocida por todo el mundo ya que es, además, la más veterana. Casi desde que conocemos el medio han existido estos formatos publicitarios.

Aunque todos pensemos y nombremos de forma instantánea el *banner*, en realidad existen multitud de formatos para dar soporte a este tipo de comunicación. A grandes rasgos los dividiremos en tres grupos.

- **Tradicionales:** el archiconocido *banner* y derivados. Son elementos gráficos aunque, en algunos casos, se les puede agregar sonido, pero es una práctica en desuso por lo molesto e invasivo que le resulta al usuario. Adquiere denominaciones diferentes según sea su forma, tamaño y presentación. Se suele llamar *banner* al formato de 468 x 60 horizontal, s*kyscrapper* o *banner* vertical al formato 90 x 560 vertical, robapáginas al 300 x 300 que se incrusta en el centro, pastilla al 90 x 90 o 60 x 90 que se suele colocar en los laterales... La lista podría ser infinita.

- **Rich media:** son formatos que incorporan otras posibilidades de animación y multimedia como vídeos, *layers* (creatividades que se mueven por la página) o *banners* desplegables. También la lista podría ser muy amplia.

- **Vídeo:** el desarrollo de internet y de las infraestructuras de acceso ha permitido introducir elementos cada vez más ricos en interactividad y dinamismo. El vídeo es el más claro exponente. En las primeras etapas de internet era un recurso casi inasumible por los grandes recursos que consumía. Esta fase fue superada y el vídeo convencional ya cuenta con su espacio relevante en la comunicación interactiva, a pesar de tratarse de piezas en general unidireccionales. El reto del vídeo consistirá en dotarlo de auténtica interactividad. Existen ya excelentes ejemplos de cómo se puede conseguir.

Las últimas tendencias son hacer los formatos más grandes de tamaño y más dinámicos y, por tanto, también más intrusivos. Esto se debe a la «ceguera de *banner*». El abuso de este tipo de creatividades ha provocado que los usuarios sean capaces de discriminar perfectamente la parte de a página que tiene publicidad de la que no y paseen la mirada en exclusiva por los contenidos de su interés sin prestar la menor atención a la publicidad. La defensa de los anunciantes ha sido hacer más grandes las creatividades llegando incluso a ocupar el cien por cien de la página como los *banners* desplegables o los *intersticial* o cortinillas, creatividad de pantalla completa que aparece durante unos segundos al entrar en una página, ocupando su totalidad.

Además, los usuarios ahora cuentan con bloqueadores de publicidad *(ad blockers)* que permiten navegar por la mayoría de las webs disfrutando de su contenido sin recibir ni un solo impacto de *display*. Es una reacción lógica del consumidor ante el abuso de estos formatos por algunos soportes.

Lo que tiene de muy positivo este tipo de acciones es que los servidores de creatividades o *adservers* son terceros de confianza que se encargan de garantizar al soporte y al anunciante los resultados exactos de una campaña. Estos *adservers* se han ido sofisticando y permiten realizar segmentaciones y controles de las campañas extraordinarias como:

- Dónde se puede ver el anuncio: páginas y secciones donde aparece y donde no.

- A qué horas sí y a cuáles no.

- Con qué frecuencia: número de veces máximo que impactará en un mismo usuario.

- Procedencia de la visita: cómo eliminar el tráfico de otros países que no me interesan.

- Dan una gran cantidad de datos sobre los resultados cuantitativos de las campañas.

A pesar de ser el modo de hacer publicidad digital más veterano, la utilización de formatos *display* para hacer marketing digital está en constante cambio y evoluciona tratando de buscar la mayor eficacia posible en las campañas de los anunciantes. En parte con respuesta lógica a cada «defensa» que se crean los consumidores. En todo caso, el *display* admite modos de gestión/contratación muy diferentes que también han evolucionado bastante. Estas son las más relevantes.

Cuadro 12.3 Ejemplo de publicidad *display* en el diario www.elmundo.com: *banner* y rascacielos

Display tradicional

Al igual que sucede cada vez más con el resto de los medios, las grandes campañas dedican parte de su presupuesto a internet. En la mayoría de estos casos, se hace una campaña de marketing integrado *online* y *offline* también conocido como *blended marketing*. Por analogía, las agencias tradicionales e incluso las centrales de medios, ocupan un papel relevante en la gestión de este tipo de campañas. Esto no sucede con otras herramientas (buscadores, redes sociales o afiliación, por ejemplo) donde el papel de estos agentes no está todavía nada claro y siguen buscando hacerse un hueco con solvencia.

En este caso, la gestión y contratación se realiza por medios y con procedimientos muy parecidos a la publicidad tradicional a través de negociaciones y planificaciones muy *ad hoc*. Esta forma de trabajar solo tiene sentido para los grandes anunciantes, medios y agencias.

Real Time Biding[5] (RTB)

La contratación de publicidad por los medios tradicionales tiene mucho de artesanal. Todos los soportes tienen tarifas publicitarias que no aplican jamás. A veces los descuentos sobre tarifa rondan el 90% y 95%. Es decir, que el precio, en la mayoría de las ocasiones, surge de una negociación entre dos partes (anunciante o agencia y soporte). Esta forma de negociar aporta muy poca transparencia y fiabilidad a la industria.

En el ecosistema digital disponemos de herramientas que permiten gestionar la venta de espacios publicitarios de forma diferente (como hemos visto que sucede en buscadores o redes sociales). El RTB supera esta forma de contratación para que el precio sea negociado en tiempo real en función de la oferta y la demanda. Tenemos herramientas que permiten tener controlado todo el inventario de posibles impactos publicitarios que permiten esta gestión dinámica del precio en tiempo real.

Este sistema de contratación evita la arbitrariedad de la negociación personal y dota al sistema de transparencia, justicia y fiabilidad a cambio de una ligera complicación técnica que es perfectamente superable.

Programática

Casi por extensión o analogía de sus hermanos mayores —la publicidad convencional en masivos: *spots*, faldones, cuñas...— cuando pensamos en *display* nos viene a la cabeza la publicidad masiva e indiscriminada. Parece que aquí ocurre lo que en los medios tradicionales donde el soporte tecnológico impide reconocer al usuario, televidente, lector u oyente que está detrás de la comunicación. Sin embargo, en internet no es así. Detrás de cada pieza que servimos, sabemos o podemos saber quién está. Este gigante avance tecnológico nos permite un hecho sin precedentes que es personalizar los mensajes publicitarios en dos sentidos:

- Lanzar solo ciertos mensajes a los usuarios que tienen más posibilidad de comprar nuestros productos.

- Cambiar la creatividad diferenciando el mensaje o la promoción en función de perfil del usuario que está navegando.

Claro que, el hecho de poder identificar a un usuario no significa necesariamente que se sepa algo de él, y mucho menos lo suficiente para personalizar el mensaje. En internet podemos identificar unívocamente a los usuarios pero esa posibilidad por sí misma no nos aporta ninguna información útil sobre el perfil de esa persona. Por otro lado, nuestra navegación, comportamiento en redes sociales o el uso del correo electrónico revela multitud de información sobre nuestros gustos y preferencias.

La publicidad programática trata de aprovechar estas dos enormes bazas (conocemos e identificamos al usuario mientras navega) y aprovecha también la transparencia y justicia que da al sistema una gestión dinámica del precio basada en RTB (puja en tiempo real).

Retargeting

Un caso particular de la gestión programática es el *retargeting*. Consiste en personalizar los mensajes publicitarios que se lanzan a un usuario tras identificarle y siendo consciente de que, por su comportamiento pasado y actitud ante ciertos contenidos, cuenta con alta probabilidad en estar interesado en nuestro mensaje publicitario ya que previamente se ha interesado por ese producto o servicio. Esta es una situación que hemos vivido todos. Entramos en una web para consultar una oferta de un viaje de fin de semana a París y luego nos «persiguen» *banners* publicitarios sobre ofertas de fines de semana en París durante meses. Esto es *retargeting*.

Es importante tener en cuenta que el reconocimiento del usuario tiene grandes limitaciones. Casi siempre se realiza a través de las famosas *cookies*. Las *cookies* son unos ficheros de muy bajo peso que los navegadores depositan en nuestro ordenador cuando nos movemos por la red y que guardan información relevante sobre nosotros. Estas *cookies* quedan guardadas en el disco duro del ordenador cuando abandonamos un portal. Cada vez que un usuario visita un *site*, este lo primero que hace es mirar en el disco duro del ordenador para ver si hay alguna *cookie* que le permita identificar al usuario. Si la encuentra ¡ya está! pillado... Las limitaciones son las lógicas de este rudimentario sistema de identificación:

- Si el usuario borra las *cookies* se pierde el rastro.
- Si más de un usuario comparte ordenador (por ejemplo, una familia) no se puede distinguir uno de otro.
- Si un usuario utiliza más de un ordenador (por ejemplo el personal y el de trabajo) para el *site* serán dos personas diferentes.

Está claro que es un sistema imperfecto, pero de lo que no cabe duda es que supone un paso de gigante con respecto a la publicidad tradicional donde no existe ninguna posibilidad de identificar al usuario y personalizar el mensaje.

La evolución lógica de la identificación del usuario es por *login*. En este caso, el usuario se identifica al iniciar la navegación por lo que no existe el margen de error comentado antes. Pero, ¿por qué un usuario querría hacer un *login* al iniciar una sesión de navegación? En realidad ya lo estamos haciendo casi todos. Lo hacemos cuando nos conectamos a Facebook o cualquier red social, cuando usamos Chrome o gMail o cuando nos conectamos a iTunes... Nos tienen más que identificados.

Estos sistemas de personalización publicitaria generan ciertas dudas éticas y están bastante cuestionadas generando alto grado de rechazo. La principal cuestión es que cuando un sistema de *retargeting* empieza a captar información sobre una persona, esta no es preguntada sobre su interés en este tipo de servicios y el uso que después se pueda dar a la información generada produce una gran inquietud a la población. Sin duda estos sistemas tendrán que evolucionar y tenderán a ser algo consentido y controlado por el propio usuario que también se verá beneficiado de recibir solo publicidad con alta probabilidad de resultarle interesante.

4. Vídeo

Internet está cambiando mucho. La progresiva mejora de conectividad unida a la bajada de los costes de conexión y, sobre todo, a la popularización de las tarifas planas de acceso a datos, han provocado que el consumo de vídeo se dispare en el entorno digital.

No hay más que ver el tipo de contenidos que suelen consumir más a menudo los más jóvenes para comprender que el futuro del texto tiene los días bastante contados en el ecosistema digital. A día de hoy podemos decir que el vídeo es ya el soporte dominante para casi cualquier tipo de contenidos en el ecosistema digital.

En el fondo, el vídeo no es más que un formato para recoger contenidos, como lo puede ser un documento en pdf, un *post* en un blog o una infografía en una red social. La gran ventaja es que el vídeo aprovecha al máximo todo el potencial multimedia que capta la atención del usuario (imagen y sonido). Para utilizar el vídeo como herramienta publicitaria podemos pensar en:

- Videos como contenido: no deja de ser un caso particular de marketing de contenidos o *inbound*.

- Vídeos como formato publicitario: se trata de un mensaje publicitario adaptado a este formato.

Los vídeos como formato publicitario pueden estar insertados en cualquier tipo de contenido. Muy habitualmente los encontramos en páginas de contenido de texto o fotografía. Este tipo de inserciones tienen mucha menos eficacia porque solo un pequeño porcentaje de quienes lo tienen a su alcance, realmente lo ve. En cambio, si el vídeo está integrado en un contenido en vídeo, es mucho más sencillo, y a veces imposible de evitar, que la publicidad se vea. Es mucho más natural hacer vídeo en contenido de vídeo.

Existen varios formatos publicitarios para el vídeo que se traducen en cómo se consume y cómo se paga por el servicio publicitario.

Los más relevantes según el pago son:

- CPM: coste por mil impresiones. Es el formato más tradicional. Aquí el soporte cobra y el anunciante paga, cada mil veces que el video se muestra, con independencia de si lo visualiza completo o no.

- CPC: solo se paga si el usuario interactúa con un clic, lo que implica que empieza a verlo.

- CPV: coste por visión. Solo se paga cada vez que el vídeo se ve completo o casi (al menos ve 30 segundos).

Los más relevantes según se muestran son:

- Tradicional. El vídeo se incrusta en el contenido en un espacio de 300 x 300 tradicional de un robapáginas. Se reproduce cuando el usuario hace clic y lo hace dentro del marco de ese espacio.

- *Pre roll.* En este caso, el vídeo no se consume a demanda del usuario sino que está insertado al inicio del contenido del vídeo que queremos ver. El *pre roll* puede ser evitable al cabo de equis segundos (normalmente cinco) o de visión obligada. Estos vídeos suelen durar 30 segundos. Tiene bastante repercusión pero es bastante molesto.

- *Post roll.* Es un caso particular del anterior donde el visionado del vídeo es al acabar el contenido deseado. Por lógica tiene menos repercusión que el *pre roll* pero es mucho menos intrusivo.

- *Mid roll.* Se trata de otro caso particular. Ahora la publicidad está insertada en medio del vídeo solicitado por el cliente. Es muy efectivo pero muy intrusivo. Apenas se usa *online* aunque es el que predomina en la televisión convencional.

- Integrados *pushdown.* Se trata de un formato de vídeo de gran tamaño que se encuentra contraído hasta que el usuario lo desea desplegar. Cuando lo hace ocupa casi toda la pantalla pero el vídeo se puede cerrar en cualquier momento de forma muy intuitiva.

5. Marketing de contenidos

El marketing digital es mucho más que generar impactos publicitarios a través de medios interactivos. En la mayoría de los casos, la publicidad que vemos a diario (tanto en canales *online* como *offline*) no nos interesa en absoluto. La aceptamos como «precio a pagar» por poder disfrutar de ciertos contenidos. Lo que nos interesa es el espectáculo deportivo que estamos viendo, la noticia que estamos leyendo o la película que vamos a disfrutar. Los medios *offline* convencionales se basan en la linealidad de la programación. Esto quiere decir que ellos deciden qué se ve y se oye en cada momento o qué lee en cada espacio de una página de papel o web.

Pero internet no funciona así... El usuario tiene unas enormes posibilidades de elegir cómo navegar o aplicaciones para sortear los mensajes publicitarios intrusivos tradicionales. Esto limita muchísimo la eficacia de este tipo de campañas como hemos visto ya con el *display*. La consecuencia es que la industria publicitaria se está dando cuenta de que debe buscar otros modos de hacer su trabajo para impactar de manera positiva en el público objetivo. En este contexto, el contenido de valor y útil supone una extraordinaria alternativa para hacer este trabajo. De esta forma el *inbound marketing* se contrapone al *outbound*. Queremos que el usuario nos busque porque le damos algo de valor e interesante, no impactarle de forma no deseada interrumpiendo con mensajes sin el más mínimo interés cuando está disfrutando de un contenido.

Para lograr este objetivo debemos cambiar el enfoque. Pensar en lo que es interesante y útil para el potencial cliente y generar contenidos de calidad con esa visión. Generar historias atractivas con valor y que generen *engagement*[6] o *stickness*[7], es decir que el usuario no pueda resistirse a lo que le contamos. De este modo, tenemos una presencia de marca o generamos un interés hacia nuestros productos y servicios solo de potenciales clientes interesados en quienes el impacto tendrá mucho más valor y probabilidad de generar una conversión.

El adecuado uso de un marketing de contenidos potente tiene enormes ventajas para la marca:

- Genera un impacto mucho más segmentado y potente en *target* real.
- La imagen de la marca se ve reforzada. No me molesta, me ayuda.

- Permite sortear todos los bloqueadores de publicidad.

- Ayuda muchísimo en nuestro posicionamiento orgánico. Tanto en buscadores (SEO) como en redes sociales (SMO).

Existen diferentes variantes:

Creación de blogs y comunidades especializadas.

«Si la montaña no va al Profeta, el Profeta va a la montaña». Si nos cuesta mucho conseguir que otros publiquen nuestros contenidos, me creo un medio especializado donde publico lo que quiero. La forma más sencilla de hacerlo es creando un blog pero también se pueden hacer cosas más sofisticadas como crear toda una comunidad con contenido generado por el usuario. Esto es más difícil de lograr pero mucho más potente si lo conseguimos.

Publicidad nativa

Consiste en colocar contenido desarrollado por una marca entre el contenido normal de un medio. Es decir, no se identifica como publicitario. Para que el medio no pierda su prestigio, el contenido debe ser realmente de calidad y útil para el usuario. En la mayoría de estos casos, ni siquiera hay una llamada a la acción específica y mucho menos se comunica una promoción. Solo se indica que ese contenido es por cortesía de una determinada marca.

Este tipo de publicidad está tomando mucho auge debido a la creciente implantación masiva de bloqueadores de publicidad por parte de los usuarios.

Marketing viral

Se trata de un caso particular del marketing de contenidos que busca conseguir que sean los propios usuarios lo que actúen de soporte compartiendo los contenidos entre ellos.

Conseguir una repercusión excepcional con una mínima inversión es un viejo sueño de todos los profesionales del marketing. En los medios tradicionales esto es poco menos que imposible, por lo tanto los medios tradicionales *Above the line*[8] se suelen complementar con campañas de relaciones públicas *Below the line*[9] donde sí se pueden conseguir este tipo de objetivos. En internet podríamos hablar en los mismos términos donde algunas herramientas, como la publicidad *display*, permiten llegar a grandes audiencias con gran control sobre cuándo, cómo y sobre quién impactarán nuestros mensajes. Otras, como el marketing viral, nos pueden generar inmensas alegrías sin ninguna garantía sobre la repercusión que, finalmente, tendrá nuestro esfuerzo económico.

En este tipo de comunicación, casi por definición, no existen muchos patrones que se puedan identificar y servir de modelos que permitan reconocer el éxito para poder repetirlo en el futuro. En todo caso, el marketing viral no es solo un vídeo gracioso que la gente se pasa de unos a otros para reírse. También sería marketing viral cuando una marca de consultoría libera *online* un extracto de un estudio con información y análisis útil. Este documento será compartido por los profesionales del sector generando un potentísimo impacto de marca y credibilidad.

PARTE 4

GESTIÓN DE CAMPAÑAS

MÉTRICAS DE MARKETING DIGITAL Y SEGUIMIENTO DE RESULTADOS

13

El marketing digital se caracteriza, entre otras cosas, por su enorme capacidad de medir los resultados de forma inmediata. Esta situación permite un enfoque de trabajo y gestión por completo diferente al marketing tradicional que, si bien siempre ha contado con herramientas y cultura de medición, no ha podido contar con las herramientas adecuadas para la toma dinámica de decisiones.

El marketing digital dispone de herramientas de medición en tiempo real que permiten conocer lo que está sucediendo con todo. Esto implica gestionar una multitud de métricas e indicadores que nos pueden dar una enorme visión de lo que acontece en nuestra actividad, pero también nos puede confundir y abrumar por la inmensa cantidad de información disponible.

Es importante recalcar antes de empezar que tener datos no es contar con información. Y tener mucha información no puede ser un fin en sí mismo si no se traslada a una mejora en la toma de decisiones que ayude a mejorar los resultados de negocio. Desde este punto de vista, el objetivo fundamental de la analítica digital, será obtener la información relevante (no necesariamente toda la disponible o posible) para que los gestores puedan tomar las decisiones adecuadas en cada momento y situación.

1. Punto de partida en la medición

Es habitual que estos temas con cálculos numéricos generen dudas, incluso bloqueo, a varias personas. Hay un porcentaje elevado de personas que se cierran a la posibilidad de entender y dominar este tema con la auto exculpación de «soy de letras», «los números se me dan muy mal» o «no valgo para los números».

Es muy importante desde el primer momento pensar que esto es asequible para todo el mundo. Sin excepción. Que lo que vamos a estudiar en este capítulo no es dificil. Desde un punto de vista de cálculo matemático, el contenido aquí tratado, tiene la dificultad de cuarto de primaria. Cualquier niño de esa edad sabría hacer estas operaciones si se le explica bien.

¿Sabemos

- sumar y restar
- multiplicar y dividir
- calcular porcentajes?

Si la respuesta es sí, las operaciones de este tema son fáciles para ti. Si la respuesta es no, deberías pensar en otra profesión. El marketing digital exige y requiere trabajar con números y justificar y explicar todo lo propuesto y realizado en base a las expectativas y/o resultados reales. Siempre con números. No son válidas solo las explicaciones cualitativas que, si bien pueden ayudar y ser incluso imprescindibles en ciertos momentos y para la toma de algunas decisiones, son insuficientes para la gestión diaria y la toma de la inmensa mayoría de las decisiones.

Sumar, restar, multiplicar y dividir es toda la complejidad de cálculo que tiene la temática... El resto es solo entender qué se está haciendo, ahí está la dificultad. Es una cuestión conceptual. Es recomendable que este tema se estudie con tiempo, paciencia y una calculadora en la mano.

En realidad todo es sencillo, lo único que hay que entender muy bien, en cada caso, es qué es cada métrica, qué mide y entender cómo se relacionan. Es una cuestión conceptual, no de cálculo.

El tema requiere un esfuerzo conceptual alto. Es probable que demande revisarlo más de una vez y avanzar solo cuando se haya comprendido por completo todo lo visto hasta ese momento. Como verás, todo está contado con ejemplos sencillos, narrado como se lo contaríamos a un niño de 10 años.

Pongamos un ejemplo de lo que digo para perder el miedo. ¿Sabrías hacer este problema?

Si Pedro tiene 100 € y compra 10 manzanas, ¿cuánto le ha costado cada manzana? (Solución: 10 €).

Si Juan tira a canasta y consigue meter 1 de cada 5 pelotas, ¿qué porcentaje de acierto tiene? (Solución: 20%).

Si Mariano consigue ligar con un 1% de las chicas a las que les dice lo hermosas que son, ¿con cuantas ligará una noche que aborde a 200 chicas? (Solución 2).

Estos ejercicios tontos, que seguro todo el mundo ha sabido hacer bien, son de la misma dificultad de cálculo que los que vienen a continuación. Pero en vez de nombres de personas y situaciones cotidianas, tratamos con nombres de métricas «raros» y situaciones del negocio del marketing digital. Si entendemos lo que estamos haciendo, la matemáticas no son un problema. Fallamos porque no entendemos bien qué es cada cosa. ¡Hay que perder el miedo a los números y esforzarse por entender lo que hacemos! ¡Es fácil! ¡Mucho ánimo! Está perfectamente a tu alcance, aunque seas muy de letras.

2. Qué medir en marketing digital

El marketing digital nos brinda herramientas que nos permiten medir prácticamente todo pero, ¿qué nos interesa medir? La abundancia de datos se puede convertir incluso en un problema si no somos capaces de tener claro para qué queremos estos datos.

El objetivo del marketing digital, en última estancia, siempre se acaba centrando en incrementar las cifras de negocio, vender más. Por tanto la medición del marketing *online* pone el foco y aporta luz en todo el proceso comercial. Se trata por lo tanto de conocer con detalle suficiente qué está sucediendo en cada paso del proceso de venta desde sus primeros pasos hasta la meta. Desde que identificamos el público objetivo y tratamos de que nos conozcan lanzando mensajes de atracción hasta que este se transforma en cliente porque realiza una compra.

El proceso que pretendemos conocer y medir consta de las siguientes etapas:

1. **Impactar en el público objetivo.** El primer paso, una vez tenemos clara la propuesta de valor interesante que tenemos para el grupo de personas que llamamos público objetivo, debe ser buscar a esa gente para contarle nuestro mensaje. Debemos trasladar nuestra USP *(Unique Selling Proposition)* a quien hemos determinado que tiene más probabilidad de aportarle valor y, por tanto, comprar.

2. Conseguir movilizar al usuario para que decida emplear una parte pequeña de su tiempo en prestarnos atención. Es decir, conseguir **que nos haga una visita** de calidad, empleando el tiempo necesario para conocer bien nuestra oferta.

3. Lograr generar el suficiente interés y confianza para que el usuario nos facilite sus datos y nos autorice a contactarle en el futuro. Es decir, en términos de marketing digital, **generar un** *lead*. Sabemos que esta etapa no siempre es necesaria y, en consecuencia, en ocasiones no forma parte del proceso.

4. Conseguir que esa visita o lead se convierta en una transacción. Es decir, que deje de ser usuario para **convertirse en cliente**.

5. Conseguir optimizar la rentabilidad de la inversión realizada. Para lograrlo, en la mayoría de los casos, es necesario **fidelizar** a los clientes captados para obtener margen comercial sin coste de captación.

Cuadro 13.1 Fases y métricas del proceso comercial

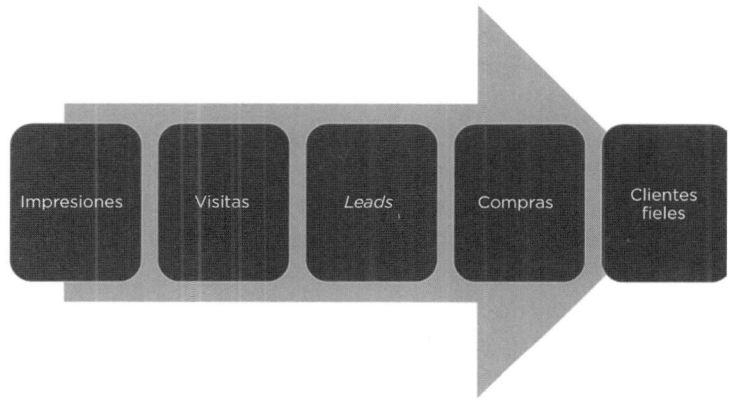

Como acabamos de ver, se pueden medir multitud de parámetros que constituyen fases del proceso comercial. Por lo tanto, disponemos de multitud de métricas que nos ayudan a conocer en profundidad lo que está sucediendo a lo largo de este proceso. Vamos a agrupar las métricas para poderlas comprender con más facilidad según el tipo de medición que nos aportan. Desde ese punto de vista las agruparemos:

- Según el precio de la acción o cómo se paga al soporte publicitario. Este es un enfoque orientado a conocer el coste efectivo de cada campaña.

- Según la eficacia. Estas métricas nos ayudan a entender cómo cada acción se transforma en resultados.

- Métricas de tráfico. Nos aportan entendimiento de cuánto tráfico recibimos y cómo se comporta este dentro de nuestros soportes digitales.

3. Principales métricas del marketing digital

Ya he comentado que una de las principales características de este medio es que los resultados se pueden medir con precisión en todas las fases de la comunicación incluyendo incluso la transacción. Esto es bueno, obviamente, pero el hecho de que podamos medir más también introduce nuevas complejidades. Un profesional del marketing *online* debe dominar las métricas que se emplean en su trabajo igual que un ingeniero conoce las distintas magnitudes y unidades de medida que se emplean para medir: distancias (metros, km, pulgadas, millas), velocidad (km/h, m/seg, nudos), temperatura (grados Celsius, Fahrenheit) o flujo eléctrico (amperios, Watios, voltios).

A continuación, vamos a enumerar, definir y explicar el funcionamiento de las principales métricas y términos que se utilizan en marketing *online* para seguir resultados y pactar precios y/o remuneraciones entre soporte y anunciante. La mayor complejidad de este medio hace que exista un número superior a la de otros medios masivos como TV, prensa o radio.

Si analizamos los distintos tipos de métricas que podemos obtener en una campaña de marketing *online*, en primer lugar podríamos analizar las que sirven para negociar el precio de las acciones publicitarias. Recordemos que en el proceso de publicidad digital intervienen varias partes.

- Soporte: aquel sitio web, buscador o red social que nos ayuda a transmitir nuestro mensaje a sus usuarios. Es quien muestra la publicidad a sus usuarios. Lo que buscamos son soportes en los cuales nuestro público pase parte de su tiempo. En SEM por ejemplo el soporte es el buscador y en una campaña de *display* lo es la web que muestra nuestro *banner*.

- Agencia: quien nos ayuda en el proceso, bien con la idea, bien con el desarrollo de las creatividades o bien con la ejecución de la campaña.

- Anunciante: somos nosotros, quienes queremos utilizar el soporte para transmitir nuestro mensaje al público objetivo.

- Intermediarios: en ocasiones hay terceros que nos ayudan a encontrar los mejores soportes para nuestras campañas y ayudan a los soportes a encontrar los anunciantes adecuados.

La industria publicitaria funciona porque hay anunciantes que desean contactar con su público objetivo y necesitan de los soportes adecuados para llegar a ellos. Para ello, el anunciante paga por el servicio publicitario. Un anunciante puede remunerar a un soporte (en ocasiones a través de una agencia o un intermediario) por diferentes conceptos

- Tiempo: en este caso el anunciante paga por estar presente durante el tiempo estipulado. Es decir, pagará al soporte la cantidad estipulada con independencia de cualquier tipo de resultado de la campaña. Por ejemplo, si se paga un patrocinio de una sección de un diario *online* por un mes. Otro ejemplo de un pago por tiempo es un formato publicitario bastante habitual que se denomina *brand day*. En este caso el soporte se tiñe del color del anunciante y cubre todos sus espacios publicitarios con sus creatividades por un día. Si ese día hay mucho tráfico el resultado será mejor pero si es un día más flojo, el resultado será peor y, en ambos casos, el coste será el mismo.

- Impresiones. El anunciante paga en función de las veces que su publicidad es vista por un usuario con independencia del tiempo que eso suponga y de los resultados que se obtengan más allá.

- Visitas. El soporte cobra cada vez que consigue generar una visita al anunciante con independencia de cuánto tiempo o cuantas impresiones haya necesitado para conseguir las visitas. Tampoco depende de los resultados que se generen con posterioridad por el anunciante.

- *Leads*. Se paga cuando se consigue generar un *lead*. No se tienen en cuenta ni tiempo, ni impresiones, ni siquiera visitas, tampoco las ventas conseguidas.

- Ventas. El anunciante paga en función de las compras obtenidas con independencia de todo el esfuerzo que haya sido necesario en tiempo, impresiones, visitas y *leads* que haya sido necesario para lograrlas. La remuneración es independiente del importe de la venta logrado.

- *Revenue Sharing* (ingresos compartidos). En este caso, el soporte y anunciante pactan compartir los ingresos en un determinado porcentaje.

Con estos conceptos claros, ya podemos empezar a trabajar las principales métricas según el coste de la acción. Son las siguientes:

1. **CPM: Coste por Mil (impresiones).** Por lo tanto, se paga cada vez que el soporte sirve impresiones con independencia de lo que pase después. Por ejemplo 6 € CPM quiere decir que hay que pagar al soporte que sirve la campaña 6 € por cada mil impresiones que muestre en su web. Esto equivale a 0,006 € cada vez que se sirve el *banner*, *intersticial*, *pop up* o cualquier otro formato al que se refiera el precio. Si hemos contratado una campaña de un millón de impresiones tendremos que pagar 6.000 €. Está métrica sería el equivalente desde el punto de vista conceptual al GRP de televisión.

2. **CPC: Coste por Clic.** En este caso se remunerará al soporte cada vez que el usuario haga un clic en la creatividad, con independencia del número de impresiones servidas. Por ejemplo si una campaña está pactada a 0,05 € CPC y sirve 100.000 impresiones que generan 2.000 clics (o visitas al *site* de destino), el anunciante pagará 2.000 x 0,05 = 100 €.

3. **CPL: Coste por *Lead*.** En este caso se paga cada vez que se consigue el hito de acción concreto que se ha definido como *lead*. Casi siempre consiste en que el usuario rellene un formulario de interés por un producto o servicio (preinscripción a un curso, solicitud de información sobre un producto, prueba de un vehículo).

Este tipo de remuneración es habitual en negocios donde la transacción no se finaliza *online*. Por ejemplo una campaña que ha servido 500.000 impresiones, generando 5.000 clics (o visitas) que al final ha servido para obtener 100 usuarios interesados que han rellenado el formulario. Si se pacta a 25 € CPL se pagarán 2.500 € (25 € x 100).

4. **CPA: Coste por Adquisición.** Se paga por cliente adquirido. Puede ser venta realizada o cliente registrado. En los dos últimos casos esta remuneración se calculará en función de los resultados de la campaña con independencia del número de impresiones servidas y de los click generados.

Este modelo es muy típico y es el favorito de las tiendas virtuales. Por ejemplo, si una campaña se pacta a 8 € CPA y hemos conseguido 100 pedidos, se pagará al soporte 800 € con independencia de cuántas impresiones o clics hayan sido necesarios para llegar a ese resultado.

5. **Ingresos compartidos:** *Revenue Sharing.* Consiste en compartir los ingresos generados con el soporte o afiliado que consiguió la visita que se convirtió en una transacción o venta. Se expresa en porcentaje sobre la venta. Por ejemplo 10% de la venta. En ocasiones se habla de *revenue sharing* en un valor absoluto por transacción o pedido conseguido pero esto es exactamente lo mismo que el CPA.

A la hora de pactar una campaña se puede fijar su precio en cualquiera de estas métricas o bien como un híbrido de varias. Es decir, se puede fijar una remuneración por más de un motivo pagando por la consecución de cada objetivo.

Por ejemplo: 0,02 € CPC + 10% de la venta o 6 € CPL + 20 € por venta. Las posibles combinaciones son infinitas lo que dota al marketing *online* de una flexibilidad casi limitada para tarificar y poder encontrar puntos de encuentro entre anunciantes, afiliados y soportes. En el primero de los ejemplos, si la campaña da como resultado 4.000 visitas con unas ventas de 2.000 €, tendríamos que pagar al soporte 280 €. 80 € por las visitas (0,02 € x 4.000 visitas) + 200 € por las ventas (10% de 2.000 €). En el segundo ejemplo, si la campaña ha generado 100 *leads* y 10 ventas, tendríamos que pagar 800 €. 100 *leads* x 6 € + 20 € x 10 ventas.

Antes de continuar, vamos a hacer una precisión conceptual que suele generar bastante confusión. Todas las métricas de este primer bloque (CPM, CPC, CPL, CPA y RS) pueden ser usadas de dos maneras que, siendo muy similares, no son estrictamente lo mismo y en ocasiones generan dudas. Todas ellas miden coste de campañas (de ahí que empiecen por C casi todas) y por tanto pueden ser usadas para medición interna de los resultados obtenidos en la campaña/periodo/compañía o bien utilizarse como precio de referencia para pactar el precio de una determinada campaña negociada con un soporte. Ambos conceptos son muy similares y de hecho cuando la remuneración pactada es simple (se fija en una sola de estas variables) ambas coinciden. Sin embargo cuando la remuneración pactada es mixta (por ejemplo 1 € CPM + 0,05 € CPC) el coste real o efectivo de la campaña no coincidirá con ninguna de las dos como es lógico. En estos casos, se puede generar confusión entre el coste efectivo de la campaña y CPX pactado.

Si conocemos los resultados de una campaña: impresiones, clics y visitas en todos los casos; y pedidos y margen en caso de comercio electrónico, podremos calcular todos los costes efectivos de la campaña (CPM, CPC o CPL-CPA) con solo dividir el coste total por la variable correspondiente (impresiones/1.000, clics, *leads* o visitas). Esto es:

- eCPM = Inversión / (Impresiones/1.000)
- eCPC = Inversión / Clics (o visitas)
- eCPL = Inversión / *Leads* (registros)
- eCPA = Inversión / Ventas (nº de pedidos)

Existen multitud de métricas de coste de uso mucho menos habitual. Todas ellas siguen la misma idea, su denominación se construye como CPx (Coste por...). Algunos ejemplos son CPD (Coste por Descarga o *Download*), CPV (Coste por Venta), CPS *(Cost per Sale)*, CPF (Coste por *Fan* o *Follower*), entre otras.

Por último, en ocasiones se utilizan otros términos para denominar conceptos que ya hemos mencionado como:

- **Coste de conversión.** Es el coste que se paga por cada *lead* o venta lograda con independencia de cómo se hubiese pactado la remuneración al soporte. Se suele utilizar el término CPA para este concepto pero sería más correcto decir eCPA.

- **Coste por visita.** Al igual que la anterior, es el coste que se paga por cada visita lograda con independencia de cómo se halla pactado la remuneración al soporte. Se suele utilizar el término CPC para este concepto y sería más correcto decir eCPC.

- **Coste por registro *(lead)*.** Una vez más, es el coste efectivo que se ha pagado por cada *lead* captado. Conocido como CPL, más correcto eCPL.

No es necesario fijar una sola métrica para medir una campaña ya que se pueden medir todas siempre que dispongamos de los datos necesarios y tenga sentido para la actividad a la que corresponda la campaña. Podemos convertir de una a otra si tenemos los datos necesarios, más adelante veremos cómo.

A la hora de negociar campañas es muy habitual fijar condiciones de remuneración diferentes en cada soporte donde realizamos campañas debido a que el precio se debe pactar entre las dos partes. En muchos casos, y a pesar de que el anunciante preferiría hacerlo siempre en una misma métrica para todos sus soportes, cada uno de estos puede tener sus normas o preferencias, lo que imposibilita lograrlo desde un punto de vista práctico.

Esto no tiene por qué ser un gran problema, ya que al final podremos convertir los resultados de todas las campañas a la/s métrica/s que nos interese. Como sucede con las métricas de temperatura (grados Celsius o Fahrenheit), distancia (km o millas), peso (kilos o libras), siempre se pueden realizar los cálculos necesarios para transformar de una a otra y poder comparar en el mismo orden de magnitud distintas campañas y soportes aunque se hayan contratado y pagado de manera diferente.

También existen métricas para medir la eficacia de cada paso del ciclo comercial, que nos ayudan a entender cómo una acción se transforma en resultados. Las principales son:

- **CTR:** *Click Through Rate.* Porcentaje de clics o visitas que recibe una determinada creatividad o campaña. Por ejemplo un CTR del 0,5% significa que consigue 0,5 visitas por cada cien impresiones o sea cinco por cada mil.

Esta métrica mide la eficacia de la creatividad... Esto es lo que dicen los soportes al menos... Pero también mide la afinidad del tráfico a mi campaña o lo que es lo mismo la calidad del tráfico.

- **LTR:** *Lead Through Rate.* Porcentaje de *leads* (o registros) que se generan en una determinada *landing page* (página web). Por ejemplo un LTR del 4% significa que consigue 4 *leads* por cada cien visitas que genera la *landing page*.

Esta métrica mide la eficacia de la *landing page,* pero también mide la afinidad del tráfico a mi campaña o lo que es lo mismo la calidad del tráfico. Si no es público objetivo, el LTR será bajo, pero siendo el tráfico afín (*target*), puede ser que el LTR sea bajo porque la *landing page* no está diseñada de manera correcta.

- **CR:** *Conversion Rate* o **Tasa de Conversión.** Es el porcentaje de objetivos logrados de las visitas recibidas (o clics). Es también una medida de efectividad de una campaña. En este caso mide el objetivo final de la misma. Por ejemplo si una campaña tiene una tasa de conversión del 1,2% significa que se logran 1,2 pedidos, ventas o *leads* por cada 100 visitas al *site*.

Esta métrica mide la eficacia del *site* receptor en lograr los objetivos propuestos: *leads* o ventas, pero también mide la calidad del tráfico recibido en términos de interés hacia nuestra oferta.

- **ROI:** *Return of Investment* o **Retorno de la Inversión**. Es el ratio de beneficio obtenido por cada euro invertido. Es una medida de rentabilidad de una campaña. Se calcula como el cociente entre el margen absoluto obtenido y la inversión realizada.

Hay otro tipo de métricas orientadas a comprender qué pasa dentro de nuestro *site*: cuánta gente nos visita, cómo son, de dónde vienen y cómo se comportan dentro del *site*. Este tipo de métricas son las que por tradición se asocian a la analítica digital. Existe multitud de información que nos puede llegar a interesar y de magnitudes a medir pero las más relevantes son:

- **Visitas.** Número de veces que un usuario ha abierto una sesión de navegación en nuestro *site*. En muchas ocasiones se utiliza el término «sesiones» para referirnos a la misma idea.

- **Usuarios únicos.** Número de personas diferentes que nos han visitado en un periodo determinado. Un usuario puede haber realizado más de una visita por lo que esta métrica debe ser inferior a la anterior siempre.

- **Usuarios nuevos.** Número de usuarios únicos que entran por primera vez en nuestra web.

- **Tasa de rebote.** Porcentaje de usuarios que pasan menos de cinco segundos (este tiempo se puede parametrizar) en el *site*. Abandonan el *site* en un tiempo suficientemente corto como para no haber podido interaccionar en absoluto.

- **Tiempo medio de permanencia** de un usuario en una sesión. Medido en segundos.

- **Número de páginas vistas.** Media de páginas que un usuario ha visitado en una sesión.

- **Conversiones.** Número de veces que un determinado objetivo se cumple. En general se miden dos objetivos:

  - *Leads:* habitualmente registros

  - Ventas: pedidos confirmados.

- **Pedido medio.** Gasto medio por compra recibida.

- **Origen del tráfico.** Se determina las distintas fuentes del tráfico recibido.

  - Directo: visitas que han llegado tecleando directamente nuestra dirección o bien nos tienen guardados en marcadores/favoritos.

- *Referals:* otras webs que tienen enlaces directos a nuestro *site.*
- Orgánico: tráfico de buscadores (SEO).
- Buscadores de pago: SEM.
- Social: redes sociales.

Las herramientas de analítica web nos dan mucha más información y métricas pero estas son las más relevantes.

4. *Key Performance Indicators* (KPIs)

Si traducimos literalmente significa Indicadores Claves de Rendimiento. ¿Cuál es la diferencia entre una métrica y un KPI? Los segundos, como su propio nombre indica, son métricas que nos aportan una especial visión de nuestra ejecución y que, por tanto, son fundamentales para entender si los resultados que estamos logrando son los que conducirían nuestro negocio al éxito. Realmente todo KPI es una métrica pero no todas las métricas deben ser KPIs.

Los KPIs son, por tanto, una selección de las métricas más relevantes para nuestro plan y son a las que tenemos que prestar más atención y seguimiento. Normalmente, agrupamos los principales indicadores de seguimiento de nuestro negocio en lo que llamamos *dashboard* o cuadro de mandos. Para que este tipo de herramientas de seguimiento sean útiles y nos permitan tomar decisiones óptimas, debemos hacer una selección de las métricas que nos aportan una información más relevante sobre nuestro desempeño y desechar aquellas que, aunque la información que nos aportan sea interesante, no supongan una magnitud decisiva a la hora de mostrar si estamos trabajando en la dirección correcta.

Pongamos un par de ejemplos. Dos de las métricas más importantes son los usuarios únicos (miden el tráfico de personas distintas que visitan nuestro *site*) y las visitas (miden el número de sesiones que los usuarios realizan en nuestro *site*). Son dos métricas que nos ayudan a medir el tráfico de la web pero miden cosas diferentes ya que una misma persona puede visitar más de una vez una web (por ejemplo si una tienda *online* es visitada por cuatro personas diferentes que han hecho una sola visita cada uno excepto uno que ha hecho tres, tendremos cuatro usuarios únicos pero seis visitas).

Supongamos ahora que somos un medio de comunicación y que, por tanto, nuestro principal modelo de negocio se basa en ingresos publicitarios provenientes de la audiencia. Resulta que esta se mide en la industria sobre todo en base a usuarios únicos, o lo que es lo mismo, personas en principio diferentes a las que se es capaz de impactar. En este caso el KPI debería ser esta magnitud. No es que las visitas no sean importantes o nos den información que puede ser útil, solo es que no es un KPI en este caso.

Imaginemos que somos una tienda *online*. Si nuestro objetivo es vender entre nuestros usuarios, estarán el número de pedidos, pedido medio y la tasa de conversión sin duda. Como la tasa de conversión se calcula dividiendo las visitas entre los pedidos, el KPI en este caso serían las visitas, no los usuarios únicos. Una vez más no es que no sea una información interesante, solo que no es clave para nuestro rendimiento.

5. Uso de las métricas

Como hemos comentado, es muy habitual confundir el coste de una campaña con un precio pactado por una campaña. La confusión es frecuente porque usamos las mismas expresiones pero no son lo mismo según se estén refiriendo a coste efectivo o a precio pactado... Esta es la única dificultad de este tema. Lo demás son todo sumas, restas, multiplicaciones y divisiones. Veamos un ejemplo para explicarlo con más detalle.

Cuando contratamos una campaña pactamos un precio que se fija a en base a una de las métricas señaladas (pago fijo, CPM,

CPC, CPA, CPL) o bien una combinación de varias (CPC + CPL, CPM + CPA). De este modo, fijamos cómo vamos a retribuir al soporte por la campaña realizada. Suponemos que pagamos 0,1 € CPC + 1 € por venta (CPA). Esto depende de cómo negociemos con el medio. Aunque para nosotros sería más cómodo negociar siempre en la misma variable y que esta fuese la que hemos elegido por nuestra estrategia, el soporte también tiene mucho que decir. En muchos casos el precio lo fijan ellos, en otros se negocia. Como conclusión, casi con cada soporte fijas una forma de retribución diferente... Un lío que en apariencia imposibilita comparar resultados de campañas.

Al final de la campaña, en base a los resultados reales fácilmente medibles, la campaña habrá tenido un número de impresiones, visitas, *leads*, ventas, pedido medio, margen, etcétera con independencia de cómo se calcule la retribución. Por ejemplo: 100.000 impresiones, 1.000 visitas, 100 *leads* y 20 ventas.

También habrá tenido un coste. Calcularlo es sencillo no habrá más que multiplicar los resultados reales de las variables negociadas para fijar precio por la cantidad acordada para cada una. En nuestro ejemplo, si hemos acordado pagar 0,1€ CPC + 1 € CPA nos tocará pagar al soporte 120 € = (1.000 visitas x 0,1 € CPC) + (20 ventas x 1 € CPA). El coste de la campaña será 120 €. Da igual cómo se haya calculado o qué métricas se fijaron para valorarla. El coste siempre es un valor absoluto no relativo, como sí lo es el CPM (depende del número de impresiones) o el CPC (depende del número de clics).Una vez tenemos el coste real y todos los demás resultados reales de la campaña (impresiones, visitas, *leads* y ventas) podré calcular el coste efectivo de la campaña en cualquier métrica relativa como CPM, CPC, CPL o CPA. Es tan sencillo como dividir el coste real entre la variable de resultado correspondiente:

CPM efectivo = coste / (impresiones reales / 1.000) = 120 € / (100.000 / 1.000) = 1,2 € por cada 1.000 impresiones o CPM

CPC efectivo = coste / visitas reales = 120 € / 1.000 = 0,12 €/visita o CPC

CPL efectivo = coste / *leads* reales = 120 € / 100 = 1,2 €/lead o CPL

CPA efectivo = coste / venta reales = 120 €/20 = 6 €/venta o CPA

Ahora sabemos lo que nos ha costado realmente esta campaña por cada impresión, visita, *lead* y venta.

Otra forma de calcular los costes efectivos es posible si disponemos de los datos de rendimiento (tráfico real generado, CTR, LTR y tasa de conversión).

Siguiendo el ejemplo anterior, podemos calcular con facilidad estas métricas de rendimiento:

CTR = 1.000 visitas (clics) / 100.000 impresiones = 1%

LTR = 100 *leads* / 1 000 visitas = 10%

TC = 20 ventas (pedidos) / 100 *leads* = 20%

La tasa de conversión en ocasiones se calcula sobre las visitas. En ese caso, se calcularía así:

TC = 20 ventas / 1.000 visitas = 2%

¡Ojo! Se llama igual pero estamos midiendo cosas diferentes. En el primer caso la eficiencia de conversión de los *leads* y en el segundo la de las visitas. Según el contexto se usa una u otra.

Con estos datos ya podemos calcular los costes efectivos de otro modo:

CPC = (CPM /1.000) / CTR = (1,2 €/1.000) / 0,01 (1%) = 0,12 €

CPL = CPC / LTR = 0,12 € / 0,1 (10%) = 1,2 €

CPA = CPL / CR = 1,2 € / 0,2 = 6 €

Es decir, hemos llegado a los mismos resultados por otro camino. Es importante dominar ambas formas de calcular los costes efectivos y las métricas de rendimiento porque en unos casos dispondré de una información y en otros de otra diferente.

¿Para qué hacer este ejercicio? Porque permite comparar costes reales de mis campañas realizadas en diferentes medios y/o soportes, con independencia de cómo y en base a qué métrica se haya negociado con cada uno de ellos. De este modo, puedo contratar diferentes soportes en cada caso utilizando una variable diferente para fijar precio y en cambio seguir mis resultados en la variable que, desde un punto de vista estratégico y en base a mis objetivos, he elegido como la más adecuada.

6. El ROI como métrica de rentabilidad

El ROI, *Return on Investment*, es una de las métricas de rentabilidad más usadas en marketing. Literalmente quiere decir Retorno sobre la Inversión. Es decir relaciona ambas variables: el retorno (lo que hemos ganado) y la inversión (lo que nos ha costado).

Su cálculo es muy sencillo:

ROI = Retorno (margen de las ventas generadas) / Inversión (coste de la campaña)

Su interpretación es sencilla. Un ROI superior a uno implica una rentabilidad positiva de la comunicación y un ROI inferior a uno, que se ha invertido más de lo que se ha recuperado por margen comercial.

Con el ROI medimos la eficacia del conjunto de la campaña ya que con independencia de cómo se haya pactado el precio, esta métrica recogerá todo lo bueno o malo que se haya producido en la campaña: calidad del tráfico, calidad de la creatividad, eficacia en captar el lead o pedido; pero también otras como el pedido medio, el margen o el precio pactado por la campaña.

En ocasiones, el ROI se expresa en porcentaje. En ese caso, se calcula multiplicando el resultado anterior (margen / inversión) por cien. Esto no cambia su interpretación. Cualquier ROI por debajo de 100% implica que se ha invertido más de lo que se ha obtenido. En otros casos se calcula como [(margen / inversión) − 1] × 100 y se expresa en forma de porcentaje. En esta ocasión sí que cambia la interpretación, cualquier ROI positivo implica que la campaña es rentable.

En el ejemplo anterior si el pedido medio de las ventas obtenidas es de 40 € y el margen que obtenemos es del 50%. El ROI se calcularía así:

Retorno = 20 ventas x 40 € x 0,5 (50%) = 400 €

Inversión = 120 €

ROI = 400 / 120 = 3,33

El ROI es superior a 1 luego hemos conseguido recuperar la inversión y recuperar 3,33 veces lo invertido. ¡Un éxito!

En cambio, si el pedido medio fuese 20 € y el margen un 25%

Retorno = 20 ventas x 20 € x 0,25 = 100 €

Inversión = 120 €

ROI = 100 / 120 = 0,83 menor que 1, no hemos recuperado el dinero invertido.

¡Ojo! Un RCI de 0,83 no es un 83% de rentabilidad. Este es un error muy habitual.

Si quisiéramos expresar la rentabilidad en porcentaje deberíamos hacer el siguiente cálculo:

Rentabilidad = (ROI − 1) x 100 = (0,83 − 1) x 100 = -17%

Mientras que en el primer ejemplo sería:

Rentabilidad = (3,33 − 1) x 100 = 233%

7. Elección de las métricas de seguimiento más adecuadas

Una conclusión inmediata de lo que hemos comentado es que da igual en qué magnitud fijemos los objetivos o acordemos un precio, ya que al final podré convertir sin dificultad de una a otra. Esto da como resultado que toda campaña siempre tendrá un resultado por cada métrica posible. Esto es una gran ventaja ya que podremos comparar. El problema lo encontramos al intentar valorar comparativamente dos campañas si los resultados no son del todo mejores o peores. En este caso, ¿cuál ha sido la campaña mejor?

Por lógica, la respuesta sería... depende de nuestro objetivo.

* Si nuestra estrategia es *branding,* nos quedaríamos con la campaña que menor CPM tuviese porque es la que minimiza el coste por impacto en público objetivo.

* Si nuestra estrategia es conseguir visitas, la más óptima sería que presentase un CPC más bajo.

* El CPA/CPL menor determinará cuál es la mejor para un objetivo de captación de clientes.

* Por último, la campaña con un ROI más alto sería la seleccionada en una estrategia de rentabilidad.

Cuadro 13.2 Relación entre estrategia de comunicación y métricas

Estrategia	Métrica	
Branding	Coste x Impacto	(CPM)
Tráfico	Coste x Visita	(CPC)
Vtas. – Sol.	Coste x Lead	(CPL)
Rentabilidad	Retorno Inversión	(ROI)

Por lo tanto, es conveniente elegir solo una variable para fijar nuestros objetivos cuantitativos y comparar los diferentes resultados. La variable elegida debe ser la que se corresponda con nuestra estrategia. Entonces nos surge otra duda: ¿es conveniente medirlas todas?

Utilizar todas las métricas puede implicar despistarnos y desviarnos de lo que debería ser nuestro objetivo, por tanto pueden llegar a causar confusión.

Supongamos dos campañas con los siguientes resultados:

- Caso 1: CPM = 2,2 € - CPC = 0,13 € - CPL = 7€ - CPA = 5,9 € - ROI = 0,98

- Caso 2: CPM = 3,9 € - CPC = 0,10 € - CPL = 7,5 € - CPA = 6,2 € - ROI = 1,02

En un primer vistazo sería complicado concluir que la primera es mejor ya que tres métricas son mejores en una campaña y dos en la otra. Para mucha gente la primera campaña sería peor ya que el ROI es más bajo e inferior a uno o simplemente porque tres métricas son mejores que en el caso dos. Como ya sabemos, que el ROI sea inferior a uno solo indica que en el corto plazo la campaña primera no recupera todo lo invertido, lo que no quiere decir que haya conseguido peores resultados. En realidad esto dependerá de los objetivos que nos hubiésemos marcado:

- Si lo que esperamos de la campaña es crear notoriedad de marca *(branding),* la primera es la mejor, ya que el CPM es más bajo que en el caso 2.

- En cambio si nuestra estrategia es conseguir rentabilidad inmediata, la primera habría que descartarla (ROI inferior a uno) y la segunda sería buena ya que el ROI es más alto y superior a uno, lo que indica recuperación de la inversión y rentabilidad.

- Si buscamos un objetivo de visitas, la mejor sería la segunda ya que el CPC es más bajo, es decir, nos cuesta menos conseguir cada visita.

- Si lo que deseamos es construir una base de datos para explotar en el largo plazo, entonces en el caso 1 nos da mejores resultados al ser el CPL más bajo. Es más barato generar esa base de datos.

- Por último si nuestro objetivo es captar clientes (estando dispuestos a no recuperar toda la inversión en el corto plazo), la primera volvería a ser la mejor ya que el CPA es más bajo y, por tanto, captar clientes nos cuesta menos.

Este tipo de paradojas es habitual que se den porque el hecho de conseguir un CPM más bajo no tiene por qué implicar que el CPC sea más bajo ya que si es CTR es peor, a pesar de tener un CPM más bajo, el CPC puede resultar ser más alto. Es decir, el impacto nos cuesta menos pero la visita nos cuesta más porque conseguimos menos clics en nuestros impactos. Esto es lo que sucede en el ejemplo.

El CPL puede ser más bajo aun siendo el CPC más alto si el LTR de la *landing* que está consiguiendo las visitas es mejor, más alto. Eso indicaría que la página está siendo más eficiente a la hora de transformar esas visitas en registros.

Lo mismo puede suceder con el CPA que puede ser más alto a pesar de que el CPL sea más bajo, lo que nos indicaría que la tasa de conversión a venta de los *leads* que hemos captado es peor, más baja. Esto nos indicaría que si bien captar los *leads* nos ha podido costar más barato, estos probablemente son de menor calidad. Es decir, menos próximos al público objetivo y claro, compran en menor medida. Pero también podría ser por otras causas como que estamos haciendo una campaña más o menos agresiva en un caso respecto del otro.

Por último, como sucede en el ejemplo, el ROI puede ser peor a pesar de que el CPA sea inferior. Esta circunstancia se puede dar porque se han conseguido pedidos medios y/o márgenes peores. Por ejemplo, porque la mejor conversión que lleva a un CPA más bajo se debía a un fuerte descuento o la venta de un producto de precio y/o margen inferior.

A pesar de la posible confusión se deben seguir todas las métricas por los siguientes motivos:

- Aprender. Con el tiempo iremos aprendiendo qué creatividades son más atractivas y permiten maximizar el CTR, qué ofertas o incentivos consiguen mejores tasas de conversión a *lead* o venta o qué ofertas resultan más atractivas.

  Que hoy tengamos una estrategia no quiere decir que no podamos trabajar con otra mañana. Suponemos en el ejemplo anterior que hemos hecho un análisis del comportamiento de los clientes y hemos llegado a la conclusión de que estos una vez son captados a través de una primera venta, un 20% continúa comprando en el futuro y lo hace tres veces al año con una aportación media de margen de 50 €. En ese caso podríamos cambiar de objetivo y fijarlo en captar clientes por debajo de 10 € (20% de 50 €) ya que así obtendríamos rentabilidad positiva dentro del año aunque no necesariamente en la primera compra. En ese caso, la mejor campaña sería la primera y no la segunda. Conocer todos los datos, aunque en ese momento no fuese estrictamente necesario para comparar, nos ayudaría una vez ha cambiado el objetivo a reorientar nuestra actividad.

- Tener más elementos de apoyo para optimizar resultados. En algunos casos la diferencia entre dos campañas puede estar en alguno de los pasos del proceso. Si conocemos los resultados de todos ellos podremos probar a tratar de mejorar la campaña en su conjunto mejorando solo una parte del proceso.

Siempre y cuando no olvidemos cuál es nuestro objetivo y no nos despistemos con optimizar resultados parciales que no ayudan a mejorar el objetivo final, será conveniente calcular, conocer y manejar todos los resultados.

8. Conclusiones sobre medición de resultados

Hay que recalcar que la gestión no es una ciencia estandarizada. Esto implica que, por desgracia, no todo el mundo llama igual a los conceptos anteriores y que, en muchos casos, solo por el contexto debemos ser capaces de distinguir de qué está hablando nuestro interlocutor. No es lo ideal pero es así. Cuando uno tiene claros los conceptos, es fácil identificar de qué se está hablando y entenderse. Por ejemplo, hemos visto antes que el concepto Tasa de Conversión se puede emplear para medir la eficiencia de los *leads* captados TC (o CR) = Ventas / *Leads* o la eficiencia de las visitas TC = Ventas / Visitas. Mismo nombre pero dos conceptos diferentes.

Otros casos en los que sucede esto con frecuencia son:

- Utilizar una vez tasa de conversión en lugar de *Lead Through Rate* (LTR). Es decir medir la eficiencia de visita a *lead*. De este modo TC sería *Leads* / Visitas.

- Utilizar el término rentabilidad para algo diferente de ROI *(Return on Investment)*. En ocasiones se dice que una campaña ha sido más rentable si ha tenido un coste de captación (CPA) o por *lead* (CPL) más bajo que otra.

Puede haber otros casos como en los ejemplos anteriores. Esto es un poco lioso pero es así. Es importante interpretar el contexto de la conversación o del caso para entender de qué estamos hablando en cada caso. Cuando se tienen claros los conceptos, no suele haber problema para entenderse.

Tras definir los objetivos de la comunicación, el nivel de segmentación y el *mix* de herramientas que más se adecua a nuestra estrategia y objetivos de negocio, el siguiente paso es determinar cómo vamos a medir los resultados.

Deberemos establecer qué métrica emplearemos para medir y comparar los resultados de las campañas que emprendamos. Este es un paso imprescindible para poder tomar decisiones consecuentes. Aunque calculemos todas las métricas posibles de todas las campañas solo utilizaremos una para la toma de decisiones: la que mejor se adapte a nuestra estrategia de comunicación.

CONFECCIÓN DEL PLAN DE MARKETING DIGITAL: PONIENDO TODAS LAS PIEZAS EN ORDEN

14

Una vez hemos conocido las principales herramientas del marketing digital, tenemos que retomar nuestro objetivo: realizar un plan de marketing digital completo. Hagamos una breve recapitulación de lo que llevamos visto.

1. Un plan de marketing digital debe tener como punto de partida un análisis estratégico que permita definir cómo vamos a competir y se deberá traducir en nuestra propuesta única de valor (USP)

2. Tenemos que definir y entender bien a nuestro público objetivo *(target)*.

3. Hay que definir los objetivos que esperamos lograr, tanto a nivel estratégico como específico, siguiendo la regla SMART.

4. Tenemos que establecer una estrategia de comunicación que nos permita definir qué tipo de mensajes debemos hacer llegar a nuestro *target* para lograr desencadenar la acción esperada.

5. Debemos seleccionar las herramientas más adecuadas para hacer llegar nuestro mensaje al *target*.

En este punto estamos. ¿Cuál es el siguiente paso? Definir las acciones concretas que tenemos previsto desarrollar en nuestro plan.

1. Plan táctico: bajando al detalle la planificación

En la fase anterior, hemos seleccionado las herramientas que *a priori* son más idóneas, pero no hemos llegado a concretar qué tipo de acciones son las que pensamos que nos llevarán a conseguir los objetivos previstos. En este punto debemos bajar al detalle concreto. Por ejemplo, en la fase anterior es posible que hayamos seleccionado SEM como una de las herramientas óptimas para lograr nuestro propósito. En esta fase, esto no es suficiente, debemos decidir en concreto las *keywords* en las que invertiremos, el presupuesto que estamos dispuestos a invertir, los resultados esperados en concreto de cada acción, el tipo de creatividad y/o *landings pages* que emplearemos en la acción, entre otros.

En consecuencia, la bajada al detalle depende de cada herramienta, puesto que cada una tiene sus propias particularidades de uso. Del mismo modo, la forma de realizar el plan táctico será diferente a la hora de especificar el detalle en cada caso. Factores como empresa, situación, objetivos, *target*, presupuesto o estacionalidad condicionan cómo realizar el plan táctico de forma que nunca podremos encontrar uno igual a otro.

A pesar de lo comentado, para conseguir que el plan táctico pueda ser presentado y evaluado de forma homogénea, debemos detallar, al menos, la siguiente información de toda acción:

- Descripción de la acción que nos permita reconocerla a la hora de hacer seguimiento.

- Objetivo que pretendemos lograr con la acción: deben ser objetivos cuantitativos concretos SMART. Los objetivos esperados pueden ser de dos tipos.

- Específicos de la acción: se trata de objetivos aislados para esta acción que no pueden y que casi no tiene sentido comparar con los de otra acción. Por ejemplo, el desarrollo de un blog que pretende conseguir un número determinado de referencias externas de otros referentes o directorios. Este tipo de objetivo no tiene ningún sentido por ejemplo en una acción de *display*, por tanto no es comparable. Este tipo objetivos no tienen por qué existir.

- Generales de la campaña: deben haberse establecido según vimos en capítulos anteriores en base a la estrategia de la compañía. Estos objetivos sí son comparables. Siguiendo el ejemplo del blog, además de conseguir las referencias externas que ayudarán a dar credibilidad al blog y posicionarlo en SEO a medio plazo, la acción debería ser capaz de apoyar los objetivos generales. Supongamos que es un *ecommerce* en fase de lanzamiento y han decidido apostar por generar una base de datos de *leads* potente como palanca inicial de crecimiento. Esta acción (el blog) debería tener un objetivo de captación de *leads* concreto y de coste por *lead* (CPL). Toda acción del plan deberá fijar también objetivos en este mismo terreno (*leads* y CPL). De este modo, se podrán comparar y permitirán optimizar el presupuesto y esfuerzos orientándolos a las acciones que más aportan a los objetivos estratégicos de la compañía. Este tipo de objetivos siempre deben fijarse para poder evaluar y comparar.

- Inversión prevista: qué importe de inversión tenemos intención de comprometer en esta acción.

- Coste de la acción: cuando este es un coste pactado nos permitirá conocer este dato con exactitud, pero en muchas ocasiones y con muchas herramientas no es posible saber a priori el coste de las acciones ya que dependen de factores coyunturales como una puja (por ejemplo en SEM o *Social*

Ads). En el caso de que el coste no pueda ser conocido con exactitud con antelación, al menos se deberá hacer una estimación razonable con la mejor información disponible posible para hacerla.

2. Ejemplo de plan táctico

Tomamos como ejemplo una web de venta de material deportivo orientado al *fitness* y bienestar. Especializado en productos para yoga, pilates, gimnasia y mantenimiento con máquinas y pesas.

Tras realizar las primeras etapas del plan de marketing digital, han decidido que las herramientas en las que más tiene sentido invertir son: contenidos, afiliación y *display*. Tras analizar y negociar varias posibles acciones utilizando estas herramientas han seleccionado nueve acciones tácticas concretas.

En el cuadro que se muestra a continuación puede verse el detalle completo del plan táctico que incluye todos los elementos informativos que hemos comentado.

Notas aclaratorias sobre el ejemplo:

1. Vemos que hay acciones con objetivos específicos concretos para esa acción y otras que nos los tienen porque no tiene sentido.

2. El cálculo de las ventas se ha realizado con una estimación de conversión a ventas del 5% de los *leads* y un pedido medio de 80 € en todos los casos.

3. El cálculo del ROI se ha realizado tomando como margen bruto medio el 40% de la venta. Se ha calculado el ROI tomando como retorno (dividendo) el margen bruto que genera la venta en cada caso; y como inversión (divisor) la inversión particular de cada acción.

Cuadro 14.1 Ejemplo de un plan táctico

Herramienta	Acción	Descripción	Inversión prevista	Objetivos específicos	Resultados esperados			
					Leads	CPL	Ventas	ROI
Contenido	Desarrollo de un blog sobre fitness	El blog publicará de modo semanal un post de calidad con contenidos a cerca de como hacer un entrenamiento potente y saludable	6.000 €	Conseguir 200 links que nos referencien de contenidos afines	4.000	1,5 €	16.000 €	1,06
	Canal de youtube	Publicará contenidos en video de calidad dos veces por semana con pautas de entrenamiento y consejos	12.000 €	Conseguir 9.000 suscriptores al canal. Generar imagen de marca entre potenciales clientes futuros.	6.000	2,0 €	24.000 €	0,8
Afiliación	Afiliación en Tradedoubler	Desarrollo red en Tradedoubler	8.000 €		8.000	1 €	32.000 €	1,6
	Afiliación en Zanox	Desarrollo red en Zanox	3.000 €		3.000	1 €	12.000 €	1,6
	Desarrollo programa propio de afiliación	Canal propio para conseguir fidelizar a los afiliados mas afines	1.000 €	Conseguir desarrollar una red de al menos 1.000 afiliados	3.000	0,33 €	12.000 €	4,8
Display	Campaña en elmundo.com	Campaña de banners convencionales	3.000 €		2.500	1,2 €	10.000 €	1,33
	Campaña workfitness.es	Campaña de brand day y patrocinio sección	1.500 €		1.875	0,8 €	7.500 €	2
	Campaña en marca.com	Campaña de contenido patrocinado (nativa)	4.000 €		3.078	1,3 €	12.300 €	1,64
Total campaña			38.500 €		31.453 €	9 €	125.800 €	1,18

Esto podría ser un ejemplo de un plan táctico que además debería incluir el detalle de cómo se ejecuta cada acción. Siguiendo con el ejemplo:

1. Herramienta contenidos: aquí se detallan todas las acciones que se desarrollan mediante el uso de esta herramienta. En este ejemplo son dos, un blog y un canal de YouTube. Este podría ser el detalle de las acciones a realizar en el plan táctico para esta herramienta:

   a. Desarrollo de contenidos para el blog. En este caso debemos incluir aspectos relevantes de cómo se espera desarrollar la acción. Por ejemplo, se realizará un *post* semanal que firmarán los expertos de nuestra web. Los *post* relatarán trucos, consejos, técnicas de entrenamiento y algo de alimentación, para mejorar el estado de forma y el bienestar general.

   Serán *post* profundos de unas mil palabras aproximadamente cada uno (unas dos páginas aprox) para un nivel de usuario medio.

   Todos los *post* deberán tener una llamada clara al registro y suscripción ya que el objetivo final de la compañía es captar una potente base de datos de *leads*.

   b. Desarrollo de contenido para el canal de YouTube. Incluiremos los detalles de cómo funcionará el canal, cuántos vídeos, con qué frecuencia, tipo de enfoque de los contenidos y duración aproximada.

2. Herramienta afiliación: esta herramienta tiene un funcionamiento muy diferente a los de contenidos y, en consecuencia, el tipo de detalles que se deben incluir en el plan táctico son diferentes. Tomamos como ejemplo la primera de las acciones previstas: desarrollo de un programa de afiliados a través de la red de Tradedoubler (red externa de afiliación). En este caso, tendremos que relatar puntos como: tipo de afiliados deseados, formas de retribución previstas, tipos de campañas a compartir con los afiliados, creatividades

permitidas o reglas de funcionamiento que deben seguir los afiliados.

3. Herramienta *display*: esta es la última herramienta incluida en el plan táctico. En el ejemplo se incluyen tres acciones diferentes en tres medios diferentes. En los tres casos habría que especificar: las fechas en que se realizarán, formatos que se exhibirán, secciones y datos de planificación de las impresiones y creatividades con el mensaje de la campaña. Si esta u otras acciones conllevan alguna promoción especial (descuentos, regalo sorteo), esta debería explicarse también.

En todo caso, esto no es más que un ejemplo que solo incluye tres herramientas con solo ocho acciones, lo más normal es que una campaña implique usar más. Lo importante es recalcar que en el plan táctico hay que recoger todos los aspectos relevantes de planificación y ejecución de cada acción.

3. Partes del plan de marketing digital

Si pedimos a seis o siete consagrados profesionales del marketing digital que nos hagan un ejemplo de cómo debería ser su PMD ideal, seguramente nos encontraríamos con seis o siete versiones por completo diferentes. Lo cierto es que cada profesional, en cada escuela de negocios, en cada empresa, concibe este importante documento de un modo diferente. No hay una única forma «ortodoxa» de hacer un PMD, hay casi tantas como profesionales de esta materia.

La cuestión es que un PMD no es más que un documento que ayuda a pensar y tomar decisiones y que sirve de guía a la hora de ejecutar y optimizar las campañas de marketing. Por lo tanto, sí tiene sentido el que cada profesional lo enfoque de una manera y no tenga por qué existir una única u óptima manera de plantearlo ya que depende de múltiples factores como:

- El sector: no tiene nada que ver la moda con la electrónica por ejemplo.

- El momento del proyecto: no es lo mismo una gran empresa con venta muy consolidada que un proyecto iniciándose.

- La marca: no es lo mismo trabajar con una marca nueva que construir una desconocida o trabajar con una marca conocida.

- El enfoque profesional de quien lo realiza: no lo haría igual un ingeniero que un creativo.

- La cultura de la empresa: no es lo mismo una empresa muy orientada al resultado que otra más orientada a la innovación.

Esto no son más que algunos ejemplos. La conclusión es que tendremos que pensar en que el PMD se puede acabar plasmando en múltiples formatos y modos de estructurarlo pero, en todo caso, todo PMD que se precie de serlo debe contemplar y resolver al menos las siguientes cuestiones:

- ¿Qué quiero lograr?
- ¿En qué plazo?
- ¿Quién es mi público objetivo?
- ¿Por qué va a prestar atención a mis mensajes?
- ¿Por qué se va a gastar su dinero en mi producto?
- ¿Cuánto estoy dispuesto a invertir?
- ¿Cuáles son las mejores herramientas y acciones para lograr los mejores resultados?
- ¿Cómo puedo medir los resultados para optimizar mis acciones?

Nuestra propuesta es trasladar todas estas cuestiones a un PMD con la siguiente estructura:

1. Análisis estratégico que permita definir cómo vamos a competir y que deberá traducirse en nuestra propuesta única de valor (USP). Este apartado debe analizar nuestra propuesta y la de la competencia para entender por qué el cliente preferirá gastarse su dinero con nuestro producto.

2. Definir y entender bien a nuestro público objetivo. Quien es, cómo es, qué le preocupa y motiva... Conocer bien los *insights* de nuestro *target*.

3. Definir los objetivos que esperamos lograr, tanto a nivel estratégico como específico, siguiendo la regla SMART.

4. Definir la estrategia de comunicación: qué mensajes y por qué nuestro *target* les prestará atención generando AIDA (Atención, Interés, Deseo y Acción).

5. Seleccionar las herramientas más adecuadas para hacer llegar nuestro mensaje al *target* y alcanzar los objetivos previstos.

6. Realizar un plan táctico que detalle cada acción que vamos a llevar a cabo para que puedan ser ejecutadas.

7. Resumen global cuantitativo del PMD con resultados esperados.

8. Selección de métricas de seguimiento y fijación de KPIs que marcarán el éxito o fracaso del plan creando un cuadro de mando de seguimiento *(dashboard)*.

Esta no es la única estructura posible pero es sin duda una válida ya que responde a todas las cuestiones relevantes que debe tener un PMD.

A lo largo de todo el libro, hemos ido viendo cómo realizar cada uno de los ocho pasos recogidos en el PMD tal y como proponemos hacerlo con la excepción del punto siete: resumen cuantitativo con resultados esperados.

4. Resumen del plan de marketing digital: resultados esperados

Con toda la información obtenida para el plan de acción, elaborar un resumen del PMD es algo sencillo. Se trata de agrupar las distintas acciones previstas que tengan cierta homogeneidad para que el resumen nos permita tener una visión global bastante precisa de todo lo que queremos hacer. Normalmente, la mejor forma de agrupar las acciones es por herramienta:

- Contenidos
- SEM
- SEO
- *Social Ads*
- SMO
- Afiliación
- *Email marketing*
- *Display*

Sin embargo, en muchos casos es interesante desdoblar alguna de las anteriores cuando hay mucha inversión concentrada y tiene sentido agrupar acciones con comportamiento y resultados esperados muy diferentes.

Por ejemplo, es muy habitual separar SEM de la propia marca del SEM genérico. En el primer caso trabajamos con *keywords* relacionadas con nosotros mismos y en el segundo con los productos y servicios que ofrecemos. El resultado suele ser tan desigual que es aconsejable desdoblarlo para poder hacer un mejor seguimiento de ambas. Lo mismo puede suceder con todas las herramientas pero es muy habitual desdoblar también en *email* (nuestra propia base de datos frente a bases de datos de terceros) y *display* (programática o *retargeting* frente a *display* tradicional). Puntualmente, también puede ser interesante separar las acciones en redes sociales (*Social Ads* y SMO) por redes sociales o contenidos en función de ciertos tipos de uso de un contenido pensando más en la viralidad o en la optimización del SEO.

Una vez tenemos elegidas las líneas en las que agruparemos y resumiremos todas las acciones de nuestro PMD, debemos estimar lo que esperamos alcanzar con la inversión prevista.

Realizar estimaciones de resultados esperados futuros siempre es difícil. Cuanto más conocemos nuestro negocio y más tiempo llevamos operándolo más sencillo será pero, en todo caso, siempre es difícil ya que las condiciones del mercado son cambiantes y, en un entorno como el digital que evoluciona tan rápido, es muy complicado adivinar cómo se van a comportar nuestras campañas en periodos largos (más de seis meses).

No obstante, las estimaciones siempre hay que hacerlas y se deben realizar utilizando la mejor información disponible que podamos tener en cada momento. Si tenemos mucha experiencia, los datos pasados pueden ayudarnos mucho para extrapolar a futuro y, cuando no contamos con esa experiencia, deberemos investigar con toda la información que podamos conseguir de fuentes públicas, conocidos, agencias y proveedores. Existe muchísima información disponible que nos puede ayudar y los principales proveedores y agencias publican información o nos brindan herramientas que nos permiten hacer este trabajo con una precisión aceptable. Por ejemplo tanto Facebook como Google ponen a nuestra disposición herramientas de planificación y estimación muy potentes que nos pueden ayudar a hacernos una idea bastante precisa de lo que podemos esperar de una campaña.

Ejemplo de resumen del plan de marketing digital

Como ya hemos comentado, el PMD puede adoptar múltiples formatos y no podemos decir que uno sea necesariamente el bueno. Ni incluso que uno sea mejor que otros para todas las casuísticas. A continuación, vamos a mostrar un ejemplo de cómo podría resumirse un PMD sencillo.

Cuadro 14.2 Detalle completo de la estimación

Canal	Inversión prevista	Impresiones	CPM	CTR	Visitas	CPC	LTR	Leads	CPL	Conversión	Compras	CPA	Importe	Pedido Medio	Margen	ROI
Campaña SEM genéricas	85.000 €	61.063.218	1,39 €	0,58%	354.167	0,24 €	3,5%	12.396	6,86 €	20%	2.479	34,29 €	1.946.146 €	785 €	7%	1,60
Campaña SEM branding	13.000 €	24.904.215	0,52 €	0,58%	144.444	0,09 €	3,5%	5.056	2,57 €	20%	1.011	12,86 €	793.722 €	785 €	7%	4,27
Social Ads	34.000 €	45.515.395	0,75 €	0,83%	377.778	0,09 €	1,5%	5.667	6,00 €	20%	1.133	30,00 €	889.667 €	785 €	7%	1,83
Campaña de publicidad programática	19.000 €	19.387.755	0,98 €	0,98%	190.000	0,10 €	1,1%	2.090	9,09 €	20%	418	45,45 €	328.130 €	785 €	7%	1,21
Afiliación	7.000 €	3.723.404	1,88 €	0,40%	14.894	0,47 €	5,0%	745	9,40 €	20%	149	47,00 €	116.915 €	785 €	7%	1,17
Campaña display	11.000 €	5.238.095	2,1 €	0,50%	26.190	0,42 €	2,0%	524	21,0 €	20%	105	105,00 €	82.238 €	785 €	7%	0,52
	169.000 €	159.832.082	1,06 €	0,69%	1.107.473	0,15 €	2,4%	26.477	6,38 €	20,0%	5.295	31,92 €	4.156.818 €	785 €	7%	1,72

El color naranja representa que la magnitud es un dato negociado o estimado de coste.
El verde señala que es una métrica de rendimiento esperada.
En negro aparecen todas las magnitudes calculadas en base a las estimaciones anteriores.
El ROI: en azul si es superior a uno y en rojo si es inferior a uno (no se recupera la inversión).

Cuadro 14.3 Resumen de presentación

Canal	Inversión prevista	Impresiones	Visitas	Leads	CPL	Ventas	CPA	Importe vtas	ROI
Campaña SEM genéricas	85.000 €	61.063.218	354.167	12.396	6,86 €	2.479	34,29 €	1.946.146 €	1,60
Campaña SEM branding	13.000 €	24.904.215	144.444	5.056	2,57 €	1.011	12,86 €	793.722 €	4,27
Social Ads	34.000 €	45.515.395	377.778	5.667	6,00 €	1.133	30,00 €	889.667 €	1,83
Campaña de publicidad prog	19.000 €	19.387.755	190.000	2.090	9,09 €	418	45,45 €	328.130 €	1,21
Afiliación	7.000 €	3.723.404	14.894	745	9,40 €	149	47,00 €	116.915 €	1,17
Campaña display	11.000 €	5.238.095	26.190	524	21,00 €	105	105,00 €	82.238 €	0,52
Totales	**169.000 €**	**159.832.082**	**1.107.473**	**26.477**	**6,38 €**	**5.295**	**31,92 €**	**4.156.818 €**	**1,72**
Otros costes									
Agencia/creatividades	24.000 €								
Coste emailing	3.500 €								
Desarrollo landing pages	7.500 €								
Total	**35.000 €**								
Toital inversión campaña	**204.000 €**								

Este ejemplo podría corresponder a una tienda *online* de productos de electrónica de muy alta gama ya que el pedido medio es muy elevado. Las estimaciones realizadas se basan en toda la información obtenida de campañas anteriores y simulaciones realizadas con las herramientas que nos brindan los proveedores.

En el cuadro resumen vemos las principales magnitudes (KPIs) esperadas de nuestra campaña. Podríamos haber puesto otras que podrían tener sentido en otros casos. Si nuestro objetivo fuese obtener rentabilidad inmediata en el corto plazo, la métrica que representaría el KPI más importante sería el ROI. En el ejemplo, vemos que todas las acciones menos una tienen un ROI superior a uno y que el conjunto de la campaña también es superior a uno, lo que significa que estamos logrando nuestro objetivo de recuperar toda la inversión realizada en la campaña.

También vemos en el cuadro resumen otros costes no directamente asociados a una acción o herramienta concreta como pueden ser los costes de las agencias o producción de *landing pages* y formatos publicitarios que se utilizan en varias acciones o se pagan de modo fijo.

Además del resumen de las campañas con la inversión prevista y los resultados esperados que hemos comentado, un buen PMD debe incluir también un visual de la planificación temporal de las acciones.

Se trata de un sencillo planograma que muestre las acciones que se van a realizar dentro de la campaña y les fechas de inicio y fin de cada una. En el ejemplo posterior vemos que la planificación está realizada por trimestres, sería más correcto hacerla por meses o por semanas.

Cuadro 14.4 Planograma de una campaña de marketing digital

Canal	Acción	Q1	Q2	Q3	Q4
Campaña display	Revista online		▬		
Campaña SEM		▬▬▬▬▬▬▬▬▬			
Campaña SEO		▬			
Redes sociales (Facebook Ads)			▬▬▬▬▬▬		
Redes sociales (campaña orgánica)	Facebook		▬▬▬		
Afiliación	Tradedoubler			▬▬▬▬▬▬	

5. Plan de marketing digital en continuidad de negocio

De un modo u otro, hemos supuesto en todos los pasos anteriores que el PMD que estamos haciendo es para un negocio nuevo que arranca, ya que hemos atribuido todos los resultados a las acciones de marketing, sin tener en cuenta que si tenemos ya clientes fieles, estos vendrán a nuestro *site* con independencia de que hagamos o no marketing. Es decir, no hemos tenido en cuenta el impacto de los clientes e inercia del negocio ya existente. Es muy intuitivo darse cuenta de que si mi negocio está ya en marcha y con buenos resultados, en el siguiente periodo seguiré vendiendo aunque no haga marketing.

Una forma muy habitual de enfocarlo es considerar que la inversión debe ir dirigida a captación, lo que implica que todo el presupuesto irá destinado a captar nuevos clientes e incremento de resultados con respecto a lo que ya he logrado.

Sabemos que esto no es cierto por varios motivos.

Factores que nos harán perder venta si no seguimos haciendo acciones de captación:

- Abandono de parte de los clientes actuales. Medido a través del Churn rate[1]. Continuamente estamos perdiendo clientes. Si lo hacemos muy bien serán pocos y si lo hacemos peor serán menos pero este efecto debemos medirlo para conocer el impacto de pérdida que tendremos que cubrir con nuevas acciones de captación.

- Ventas captadas a través de campañas tácticas. Por ejemplo si hacemos una oferta y una campaña en SEM para promocionarla, podemos conseguir ventas que no se convertirán, la mayoría, en clientes recurrentes. Si dejamos de hacer estas campañas perderemos esa venta. Buena parte del presupuesto de *performance marketing* tiene esta consideración así que hay que tenerlo en cuenta. Parte de nuestro presupuesto de captación es solo para mantener lo que ya hemos logrado, no nos ayuda a crecer.

Factores que ayudan a captar a nuevos clientes sin impacto en presupuesto:

- Boca a oreja (*Worth of mouth*). Los clientes contentos hablarán bien de nosotros y nos ayudarán a conseguir nuevos clientes. Una parte de la captación llegará de forma natural si hacemos bien las cosas.

- Posicionamiento orgánico (SEO y SMO) y contenido de calidad. Si generamos un contenido de calidad y lo posicionamos bien en buscadores y redes sociales, el efecto puede ser amplificado y cada vez ir a más. Cuanto mejor lo hacemos más mejoran nuestros resultados.

- Optimización en otras fases del *funnel* de compra. Si conseguimos mejorar la tasa de conversión o la conversión *leads*, podemos mejorar resultados sin gastarnos más dinero en atraer más tráfico.

En todo caso, todos estos factores deben estar identificados y estimados en el PMD para que podamos entender cómo llegaremos a conseguir los objetivos que nos hemos propuesto para un periodo de tiempo determinado. La estimación de estos efectos no es nada sencilla y debería basarse en hechos lo más objetivos posibles. Por ejemplo, el *churn rate* (tasa de cancelación de clientes) es relativamente fácil de medir, el WoM es más complicado pero se puede estimar. No deberíamos contemplar en nuestro plan mejoras en ningún parámetro sin tener una razón que lo justifique. Por ejemplo, si vamos a hacer un proyecto de mejora de la usabilidad de nuestra web podemos estimar que la conversión puede mejorar algo. Esta estimación es muy osada pero puede tener sentido y luego verse reflejada en la realidad.

EJECUCIÓN Y OPTIMIZACIÓN DE CAMPAÑAS

15

El principal objetivo de realizar un PMD es poder planificar las acciones que queremos realizar pudiendo seleccionar, *a priori*, aquellas acciones que mayor expectativa de rendimiento tienen para nosotros. De este modo, una vez hemos establecido nuestros objetivos, podemos analizar el tipo de acciones y herramientas que pueden ser más eficaces y eficientes a la hora de maximizar el retorno de nuestra inversión.

Pero todos sabemos que las expectativas que se basan en estimaciones no siempre se cumplen. De hecho, casi es mejor decir que raramente se cumplen. ¿Qué tenemos que hacer entonces? Está claro que no nos podemos quedar en ejecutar el plan previsto con la sola preocupación de que se realice fiel a lo planificado. El marketing digital presenta resultados muy volubles debido al extraordinario dinamismo de este medio.

1. El *dashboard* y la optimización de campañas

Para obtener unos resultados óptimos debemos realizar un trabajo continuo de monitorización de los resultados y optimización. Para poder hacerlo necesitamos disponer de un *dashboard* o cuadro de mandos que nos muestre los KPIs más relevantes para el seguimiento y consecución de nuestros objetivos. En el ejemplo anterior, el cuadro 14.4 podría ser perfectamente un cuadro de mandos de nuestra campaña ya que recoge los indicadores claves de rendimiento. Si nos fijamos en el cuadro, veremos que hay una línea (campaña *display*) que no permite conseguir un retorno de la inversión superior a uno. Es decir, que en el corto plazo nos implicará perder dinero al no ser capaz de recuperar todo lo que se invierte en ella. Lo lógico sería no realizar esta acción y trasladar ese presupuesto a otras acciones como la campaña DEM de *branding* que presenta el extraordinario ROI de 4,27. Es decir, la campaña permite recuperar más de cuatro veces las cantidades invertidas en su ejecución. De hecho, ¿no sería más lógico invertir todo el importe de la campaña en esta acción? La fría teoría de los números nos dice que este sería el modo de maximizar el retorno de nuestra inversión global.

En realidad, esto sería lo ideal pero lo que muy posiblemente suceda es que esta campaña ya esté explotada en su máximo potencial. Es decir, que ya no haya más impresiones de SEM con nuestra marca que comprar porque estamos en todas las búsquedas que se realizan con estas palabras clave. Lo que denominaríamos que se ha agotado el inventario para esta acción. En este supuesto, tratar de invertir más solo aumentaría los costes sin mejorar los resultados obtenidos.

En efecto, el modo lógico de proceder para optimizar las campañas es ir moviendo los presupuestos a aquellas acciones más eficaces y eficientes para conseguir nuestro objetivo (impresiones, visitas, *leads*, ventas o rentabilidad inmediata). Pero esto tiene el límite que hemos comentado. Cuando ya completamos todo el inventario posible para una acción, invertir más no nos va ayudar sino todo lo contrario. Pongamos un ejemplo. Supongamos que queremos contratar una campaña de *display* en un medio de comunicación *online* en la sección de vinos. La realidad nos dice que esta sección tendrá un determinado número de lectores a la semana, lo que implica que, una vez que he impactado en todos ellos, no podré invertir más en esta acción. Esto es lo que se llama agotar el inventario.

Por lo tanto, para conseguir la mejor optimización posible de nuestro plan, debemos ir moviendo inversión de acciones menos eficientes a las que mejores resultados estén obteniendo hasta agotar el inventario. En ese momento debemos seguir trasladando inversión a las siguientes acciones más eficientes, y así sucesivamente. Al final de la optimización, habré obtenido los mejores resultados posibles para la inversión a realizar.

En realidad, esto no es nunca tan sencillo como lo hemos descrito. El marketing digital es muy cambiante y está en continua evolución. Aparecen de forma continua nuevas herramientas, formatos y acciones posibles. Los competidores no están parados, ellos también hacen este trabajo al mismo tiempo y los potenciales clientes evolucionan en sus gustos y preferencias continuamente. La optimización de una campaña, no es, por tanto, algo puntual que se haga una vez y te puedas olvidar. En realidad es un trabajo continuo, de hormiguitas. Es un trabajo casi siempre bien agradecido por sus resultados pero a su vez insaciable, nunca se llega al óptimo. Siempre se puede mejorar un poco más. Lo recomendable es trabajar hasta el punto en el que las mejoras que se consiguen ya no compensan el esfuerzo adicional que supone la siguiente optimización. En este punto, podemos decir que sería más caro el collar que el perro. No compensaría seguir invirtiendo en optimizar. La realidad demuestra que es difícil alcanzar este punto, por lo que el trabajo de optimización casi siempre nos da buenos resultados. Es totalmente imprescindible.

2. La analítica web en el seguimiento de resultados

Salvo algunas pocas excepciones en campañas de marketing viral o algunas de *branding*, casi todas las campañas de marketing digital tienen como propósito dirigir al usuario a nuestra página web. El objetivo final puede ser en exclusiva de comunicación dentro del *site* o bien captar registros o ventas. Es importante conocer y entender el impacto sobre nuestra web de todas las acciones de *e-marketing* que llevemos a cabo así como recoger y medir, de manera adecuada, nuestras campañas, el comportamiento del usuario dentro de nuestro *site* hasta que este abandona o bien finaliza cumpliendo el objetivo que nos hemos propuesto.

En el apartado anterior hemos revisado las principales métricas del marketing digital y en este estamos viendo cómo se usan estas para planificar y optimizar los resultados, pero ¿de dónde obtenemos los datos necesarios? Hemos comentado que las estimaciones son responsabilidad de quien hace la planificación y que se deben basar en la mejor información disponible que podemos obtener en cada momento. Además de estas estimaciones, veíamos en la planificación que hay ciertos datos que podemos conocer de cada campaña y que son los que nos permitirán, con posterioridad, optimizar ajustando la inversión en función de los resultados reales obtenidos, y no de la estimación previa.

Para conocer estos datos podemos utilizar alguna o varias de las herramientas de analítica web que existen en el mercado. Se trata de *software* que captura todos los movimientos que hace un usuario en su visita, de dónde viene, en qué momento nos abandona, cuánto tiempo emplea y si vuelve o no.

En la mayoría de las ocasiones se utiliza una combinación de varias herramientas para el seguimiento de resultados

Herramientas de analítica web

Las herramientas de analítica web nacieron a mediados de los años noventa y se empezaron a utilizar para tener una idea del nivel y volumen de tráfico que generaban las webs en general pero, con el tiempo, han ido evolucionando para poder proporcionarnos una cantidad ingente de información que el profesional deberá interpretar para adoptar decisiones en consecuencia.

Debido a la evolución de las mismas, podemos diferenciar varios sistemas de medición en función de cómo recogen los datos de la actividad en un *site*:

- **Sistemas de medición mediante datos censales o análisis de *logs***

    El *log* es el fichero en el que se registran todas las peticiones al servidor de las diferentes páginas e imágenes que se muestran a un usuario en su navegación por un sitio web, así como las diferentes incidencias que se producen en su recorrido. En origen, este era el único medio de medición de la actividad web. Sobre la base de este fichero, se desarrollaron diversos paquetes de *software* que transformaban la árida relación de registros de carácter técnico inscritos en el mismo en estadísticas y métricas asimilables por cualquier usuario.

Supuestamente, es el sistema de medición más fiable, pero se puede manipular y no se puede controlar de forma externa. Además, requiere una gran cantidad de recursos ya que los *logs* son muy pesados, por lo que se necesitan potentes herramientas para su almacenaje y procesamiento de los datos.

- **Sistemas de medición mediante *tags***

    El *tag* es una línea de código que se inserta en todas las páginas de un *site* que funciona como un contador en tiempo real que transmite la información que se genera en la actividad de la web a un servidor ajeno a la misma donde se registra todo lo ocurrido.

    Los *tags* son un sistema de medición muy fiable y permiten una fiscalización por parte de terceros de confianza que le dota de una gran fiabilidad. Sin embargo, un sistema de medición basado en *tags* no es ajeno a ciertos problemas como la necesidad de colocar correctamente y comprobar que el *tag* está en todas las páginas del *site*. En general se colocan dentro en la parte final del código para que su ejecución no moleste al despliegue de la página. Esto implica que cada vez que se produce un error en algún punto de la carga de la página, el *tag* no se ejecuta y, por tanto, no se mide la actividad. Por último, los *tags* requieren recursos que, aunque no suelen ser significativos, ralentizan el proceso de navegación.

    La mayoría de las herramientas de analítica (o *Analytics*) utilizan este sistema de medición aunque las más sofisticadas combinan los *tags* con el análisis de *logs,* lo que permite un grado de fiabilidad y una profundidad de exploración muy superior. Este tipo de herramientas, con independencia del sistema de medición en que se basen, son las que nos ayudan a determinar lo que sucede dentro de nuestro *site* pudiendo hacer un seguimiento muy detallado de las evoluciones de los navegantes. Cuál es el origen de nuestro tráfico, cuánto tiempo pasan, qué hacen dentro, cuáles son las vías de salida, entre otras. Estas herramientas se utilizan para entender y medir lo que sucede en los flujos de navegación y nos dan una información muy valiosa para comprender dónde están nuestros puntos fuertes y débiles, qué promociones y campañas funcionan mejor y por qué y cómo se comportan los usuarios de forma diferencial según el origen del tráfico. Las herramientas de analítica más conocidas son: Google Analytics (herramienta gratuita y muy potente), Webtrends u Omniture, pero el mercado está en constante evolución y tal vez, al leer esto, el panorama haya cambiado.

- **Medición basada en *adserver***

    Un *adserver* es un tercero de confianza que actúa como servidor de las piezas publicitarias que se muestran en un soporte. Esto significa que la inmensa mayoría de la publicidad que vemos al navegar no está siendo generada por el *site* en el que navegamos sino por un tercero. Su conveniencia está justificada para introducir fiabilidad en el mercado publicitario y de este modo se garantiza a los anunciantes que los resultados de las campañas contratadas son reales.

    La mayoría de los *adservers* cuentan con funcionalidades que permiten hacer un seguimiento más profundo de lo que sucede con posterioridad al clic en el *site* del anunciante, que puede a ayudar a determinar con precisión datos como el número de registros, ventas, porcentajes de rebote o abandono inmediato. El *adserver* dispone de herramientas de seguimiento a disposición del anunciante para que este pueda consultar en tiempo real los resultados de la campaña con total garantía.

    La medición de resultados en base a un *adserver* es muy precisa pero también muy limitada ya que este servidor cuenta con importantes limitaciones a la hora de rastrear qué sucede en el *site* del anunciante una vez este ha hecho clic en la pieza publicitaria correspondiente.

- **Medición basada en paneles**

  Un panel es un conjunto de usuarios que constituyen supuestamente una muestra representativa del conjunto de una población y que su exhaustivo seguimiento y extrapolación al conjunto de la población puede darnos resultados fiables.

  Es obvio que este tipo de herramientas tienen muchas más limitaciones y miden con peor exactitud los resultados reales. No obstante, tienen su utilidad cuando se trata de poder hacer comparativas o se necesitan datos públicos de un conjunto que no puedan ser manipulados. La herramienta más usada de este estilo es el panel de *commscore* que mide las audiencias y que es el patrón que se utiliza en la industria publicitaria digital para comparar audiencias. Por muchos motivos, en su mayoría justificados, este panel es muy criticado pero, de momento, no se ha encontrado un sistema de medición mejor que dé garantías a todos los actores: anunciantes, agencias y soportes.

En todos los casos, hay que tener en cuenta que la analítica tiene importantes limitaciones. La posibilidad que nos dan estas herramientas de hacer un seguimiento en tiempo real de los resultados que se están obteniendo en nuestra actividad digital es una enorme ventaja con respecto al marketing tradicional, pero no podemos pensar que es la solución a todos los problemas. Hay que ser conscientes de que todas las herramientas tienen limitaciones por cuestiones:

- Técnicas: lo hemos visto antes. Todos los sistemas de medición tienen sus limitaciones técnicas y hacen que unos sean más precisos que otros pero, curiosamente y a pesar de su supuesta exactitud, dos sistemas de medición *online* nunca dan el mismo resultado. La mayoría de las ocasiones son incluso bastante dispares. ¿Cuál es el bueno? Está claro que para nosotros será el que mejor resultado nos arroje.

- Funcionales: en muchos casos los sistemas de medición de resultados, aun midiendo técnicamente de forma correcta, no nos ayudan a entender lo que está pasando con el comportamiento del usuario y cliente en su totalidad. Hay que tener en cuenta que todas estas métricas miden hechos aislados que luego juntamos para comparar. Una de las principales limitaciones funcionales es la atribución de resultados.

3. Modelos de atribución

Un modelo de atribución nos ayuda a entender cómo cada acción de las que realizamos influye en nuestros resultados finales. Es posible que esto pueda sorprender al lector porque venimos afirmando que el marketing digital nos permite realizar un seguimiento de todo el proceso. De esta forma, puedo seguir el resultado de una campaña desde que se empiezan a servir impresiones hasta el final del proceso con el abandono del cliente o la finalización de la transacción.

Desde la perspectiva técnica esto es correcto, ese seguimiento se puede hacer con las limitaciones ya comentadas. El problema es que ese *tracking*, en principio, solo se realiza de la sesión que acaba de comenzar en ese momento (por ejemplo un anuncio SEM en una *keyword* concreta), sin tener en cuenta lo que ha sucedido antes y cómo esto ha podido influir en ese clic.

Por ejemplo, imaginemos que queremos impactar en un *target* femenino de entre 30 y 45 años de edad para comunicar las excelencias de un nuevo modelo de coche recién sacado al mercado. Para ello utilizamos una campaña de *display* en una revista femenina que conduce a un *microsite* de la marca y modelo. Muchas usuarias *target* de la campaña ven las creatividades y se quedan con la idea, les gusta el nuevo modelo. Algunas incluso visitan el *microsite* y piensan, «cuando tenga que cambiar de coche me compro este». Sin embargo, como ahora no quieren o no pueden cambiar no hacen nada más... Meses más tarde, ya deciden cambiar de coche y se acuerdan de ese modelo tan bonito. Es muy probable que acudan a un buscador para volver al *microsite* o al sitio web de la marca. ¿A quién debe atribuírsele el mérito de la conversión? ¿A la campaña de SEM o a la de *display* de meses antes? Si es a ambas (parece lo más coherente), ¿en qué porcentaje? Y, sobre todo, ¿cómo lo medimos?

Para solucionar este reto han aparecido los modelos de atribución. Los principales modelos de atribución se basan en:

- *Last click:* como su nombre indica, atribuyen toda la conversión al último clic que ha provocado la conversión.

- *First click:* atribuye todo el resultado al primer impacto generado considerando que todo lo sucedido después es consecuencia de esa primera impresión.

- Lineal: repartimos la atribución de forma proporcional entre todos los impactos que han contribuido a la venta sin dar mayor peso a ninguno en concreto.

- *Position based* (basado en posición): en este caso repartimos de forma desigual dando más peso al primer y último impacto, pero dando algo de valor a los impactos intermedios.

- *Time decay* (caída en el tiempo): asignamos un porcentaje decreciente de influencia en cada impacto de forma inversa. Los más recientes tienen más valor.

Cuadro 15.1 Principales modelos de atribución

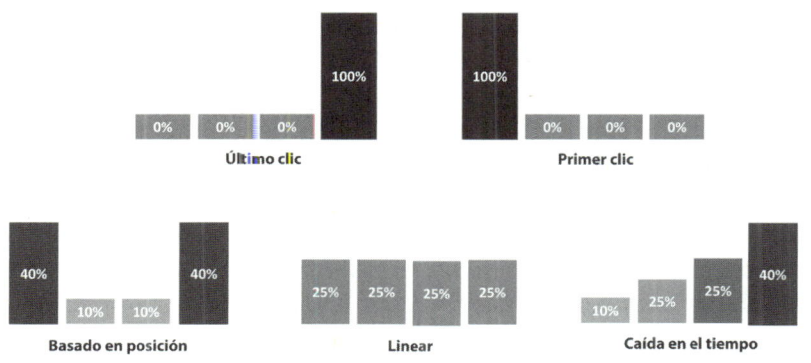

Para entender mejor el funcionamiento de estos modelos vamos a complicar un poco más el ejemplo anterior. Supongamos que una usuaria concreta vio el anuncio y visitó el *microsite* del nuevo modelo como dijimos y, además la compra final vino de un anuncio en SEM. Pero, entre medias de los dos impactos, este mismo usuario vio y visitó el perfil del nuevo modelo en Facebook donde pudo leer lo contentas que estaban otras compradoras. Además, después recibió un correo comunicando una oferta puntual de la marca para ese modelo. Tenemos, por tanto, cuatro impactos de calidad y una sola compra. ¿Cómo atribuimos ese resultado a las distintas acciones?

- Si utilizamos un modelo *last clic* atribuiremos el 100% del objetivo a la última campaña impactada. En este caso la de SEM, ignorando el impacto del resto de las acciones.

- Si utilizamos un modelo *first clic* atribuiremos el 100% a la primera campaña soslayando los otros impactos.

- Si utilizamos un modelo lineal, atribuiremos un 25% del resultado a cada acción.

- Si utilizamos un modelo basado en posición, atribuiríamos un 40% al *display* inicial, el 40% al SEM final y el 10% a la acción en Facebook y al *email*.

- Por último, si utilizamos un modelo basado en la caída de valor en el tiempo, asignaremos más valor al SEM pero repartiremos el resto de forma decreciente hacia atrás en el tiempo entre el *email*, Facebook y el *display,* que saldrá el peor parado del reparto.

Sin duda, usar un modelo de atribución ayuda mucho a entender mejor el impacto de las acciones de marketing digital sobre los resultados. Sabemos por experiencia que el sistema de atribución *last clic* que es el más habitual, el que usamos por defecto todos, es injusto y minusvalora el impacto de las campañas de vídeo o *display* y, en cambio, sobrevalora las de *performance* (SEM sobre todo).

En todo caso, todos los modelos de atribución son injustos y arbitrarios ya que nadie está en la mente de consumidor para entender cómo todos esos impactos han influido de verdad en la decisión final de compra. Además, cada industria y situación hace que sea más recomendable usar uno distinto de *last* y *first clic* que son a todas luces los más injustos, pero también los más sencillos de medir.

Asimismo, tenemos importantes limitaciones técnicas que nos impiden tener la absoluta seguridad de que podemos llevar el seguimiento de todos los impactos que recibe un usuario en concreto. No siempre podemos medir los impactos que en una misma persona se reciben si utiliza dos dispositivos para navegar de forma habitual, por ejemplo un ordenador personal, una tableta familiar, un *smartphone* personal y el ordenador del trabajo.

Los modelos de atribución suponen un paso importantísimo en la medición de resultados y optimización de campañas y, por este motivo, es en el que se está trabajando de forma intensa en la industria para tratar de mejorarlos.

4. Optimización a través de *test*

A pesar de que estamos dando un enfoque muy analítico a todo el proceso de optimización que, sin duda, se debe apoyar sobre todo en datos, en muchas ocasiones lo que nos sucede es que no sabemos muy bien hacia dónde orientar la mejora. ¿Qué debemos hacer? ¿Por dónde empezamos?

El marketing tradicional, por su forma de medir y funcionar, se ha basado mucho en la opinión de los expertos. Los creativos y publicistas de las agencias, con su visión de la experiencia y cierto halo de visión, recomendaban a sus clientes lo que se debe hacer. Lo cierto es que algunas personas, por su *expertise* o bien por una intuición basada en una sensibilidad innata, eran capaces de entender mejor que otros lo que podía funcionar y lo que no. Ese criterio es el que más se usaba en la toma de decisiones ya que, a falta de uno mejor, a medio plazo los resultados se medían confirmando o descartando esa supuesta visión experta.

En cambio, en el marketing digital tenemos la capacidad de medir en tiempo real, pero además tenemos mucha flexibilidad para hacer cambios rápidos y probar qué funciona y qué no. De este modo, los resultados reales desplazan al consejo experto. Es más importante medir rápido y bien que tener una buena intuición. En este sentido, en el entorno disponemos de potentes herramientas de prueba que nos permiten hacer múltiples *test* para, más allá de una opinión, constatar qué es lo que en realidad aporta buenos resultados y qué no. La principal herramienta de prueba se llama AB testing. Consiste en probar dos opciones con una sola diferencia entre ambas (por ejemplo dos opciones idénticas que solo se diferencian por el color del botón comprar). Durante un tiempo, servimos de modo aleatorio las dos versiones diferentes que queremos probar y medimos los resultados. Cuando tenemos un número de repeticiones suficientes, ya podemos analizar los resultados y saber qué opción es mejor, más allá de la opinión personal.

Ojo, la visión y sensibilidad sigue siendo necesaria, porque en muchas ocasiones, necesitamos saber en qué dirección trabajar. Aquí el criterio experto nos puede ayudar mucho y evitar pasos en falso que consumen tiempo y dinero. Pero a la postre, en marketing digital los resultados son los que deben mandar.

Existen en el mercado múltiples herramientas para realizar test AB o multivariante (cuando probamos más de una variación al mismo tiempo, por ejemplo probamos siete colores de botón a la vez). Estas herramientas son sencillas de implantar y de usar ayudándonos muchísimo en la optimización de nuestros resultados.

CONCLUSIONES:
ALGUNOS RETOS DEL MARKETING ONLINE

Como en cualquier otro ámbito, tratar de adivinar el futuro es harto complicado. Con frecuencia la realidad nos sorprende. Si además se trata del entorno digital que está sometido a alta innovación e incertidumbre, la cosa se complica aún más. Es, por lo tanto, imposible predecir cómo será el marketing digital del futuro. No nos vamos a aventurar a tanto, pero sí al menos a relatar los principales retos que tenemos entre manos que, si bien todavía no son una realidad mayoritaria, ya se intuyen como una tendencia clara que promete cambiar todo o casi todo.

1. *Big Data*

Ríos de tinta se han escrito ya sobre este tema. Ya hemos visto a lo largo de todo el libro, pero en especial en la última parte del mismo, cómo la medición y la toma de decisiones basadas en datos gobiernan las buenas prácticas del marketing digital. Sin lugar a duda, los datos y la capacidad de procesarlos para convertirlos en información útil que nos permita ser más eficaces y eficientes en nuestras campañas, están en el ADN de la comunicación *online*, pero ¿qué es el *Big Data*? A menudo vemos gran confusión en torno a este tema ya que no se trata de la utilización de herramientas de analítica orientadas a la toma de decisiones, el *Big Data* va mucho más allá.

Entendemos por *Big Data* a la capacidad de obtener información e inteligencia aplicada al negocio del tratamiento ultra masivo de datos. Se trata de conseguir extraer conocimiento aplicado donde las grandes aplicaciones informáticas tradicionales no son capaces de llegar por la inmensa capacidad de procesamiento requerido.

En ocasiones el *Big Data* se basa en ser capaces de extraer la inteligencia que hay en terabytes de información desestructurada y capturada de múltiples fuentes de forma no normalizada[1]. La creciente digitalización de todos los aspectos de nuestra vida generan cantidades ingentes de datos. El reto del *Big Data* es ser capaz de convertir todo ese dato en información útil. La expectativa de incorporación al ecosistema digital de millones de dispositivos conectados es otro de los retos que vamos a comentar, el Internet de la Cosas (IoT) eleva el reto a una dimensión superior. Quien sea capaz de obtener información sobre las características y afinidades de una persona al procesar todo su rastro digital, no cabe duda de que tendrá una inmensa ventaja a la hora de hacer marketing.

2. *Internet of Things* (IoT) o Internet de las Cosas

Otra de las grandes tendencias, como hemos comentado en el punto anterior, es gestionar una inmensidad de dispositivos conectados que van a funcionar de forma coordinada y sincronizada entre ellos interactuando con nosotros. Esto significa que los electrodomésticos, los coches, las ciudades, las casas, las herramientas... serán en breve dispositivos conectados que generarán cantidades ingentes de información y que constituirán, cada uno de ellos, un posible vehículo de obtención de información, punto de comunicación interactiva o, incluso. de transacción.

¿Te imaginas ver anuncios en tu frigorífico? Por ejemplo, el de una cerveza fresquita un día de calor insoportable (porque el dispositivo sabe que a ti te gusta la cerveza y a tu hija el zumo de piña y no te queda nada en ese momento). ¿Te imaginas que el frigorífico se ofrezca a hacerte un pedido que puede ser entregado frío en media hora en tu casa? Sin duda es un escenario nuevo para el marketing y la venta *online*.

IoT aportará nuevas oportunidades y, sin duda, nuevos retos que deberemos resolver en el marketing digital.

3. La web semántica

«Mi sueño es una web en la que las máquinas sean capaces de analizar todos los datos —contenido, enlaces y transacciones entre la gente y los ordenadores—. La web semántica, que haría esto posible, está todavía por llegar pero cuando llegue, la rutina de nuestras compras, burocracia y vida diaria será gestionada por máquinas hablando con máquinas. Los "Agentes Inteligentes" que han sido anunciados durante décadas se harán por fin realidad», Tim Berners-Lee, padre de la web.

La web semántica es lo que algunos se atreven a definir como la web 3.0, una revolución en la cual internet será capaz de comprenderse a sí misma a través de estructuras lógicas que tengan sentido para los programas de *software*. Estos «agentes» usarán los datos para extraer la información adicional y filtrarla, dándonos resultados adecuados, acordes con nuestras verdaderas intenciones. Es decir, se trata de trabajar con *software* capaz de «entender» e interpretar el lenguaje natural como si se tratase de humanos.

Tal vez esa sea la web del futuro o, tal vez, no. Lo que sí es cierto es que se está llevando a cabo un intento serio de introducir la lógica del pensamiento y el lenguaje humano en el modo en que nos relacionamos e interactuamos con el *software* en la Red. Internet nos brinda la posibilidad de acceder a una cantidad ingente de información, pero el exceso de datos genera confusión. Solo si disponemos de *software* adecuado, podemos explotar al máximo las posibilidades que esto implica. Los actuales motores de búsqueda nos prestan una ayuda inestimable en este sentido pero a su vez presentan importantes limitaciones por su incapacidad de comprender el auténtico sentido y coherencia de los contenidos que escanean a diario. Aunque se ha avanzado mucho, todavía no hemos llegado «al Dorado» prometido.

De momento, la web semántica sigue siendo la eterna promesa. Todos esperamos el momento en que nos podamos relacionar en la red con las máquinas expresando todo en lenguaje natural. Ese será claramente un entorno mucho más amigable donde no habrá necesidad de aprender nada. De momento, nos seguimos acercando pero estamos lejos de ese escenario ideal. Cuando este llegue, deberemos estar preparados porque será sin duda otro de los elementos que hará cambiar por completo el marketing digital.

Hablamos de un escenario donde interactuamos a diario con *chatbots*[2] movidos por inteligencia artificial que son capaces de interpretar nuestras palabras como lo haría un humano. Capaces de dialogar con nosotros y entendernos más allá del significado estricto de las palabras.

4. La indexación de la imagen y el vídeo

La web es una inmensa red de contenido conectada entre sí. Lo que la hace útil es la capacidad de ordenar e indexar esa información para poder ser encontrada y utilizada en el momento necesario. En las primeras etapas, internet era un medio básicamente de texto, quizás con alguna imagen estática. El desarrollo de las infraestructuras y de la tecnología de comprensión y transmisión de datos, ha favorecido el desarrollo del vídeo dentro de este medio. Esta es una fantástica noticia que hace aventurar importantes cambios globales en la comunicación.

Sin embargo, esta situación genera un nuevo reto: ordenar e indexar la información recogida en formato visual. Los motores de búsqueda están pensados para escrutar ingentes cantidades de información en formato de texto, pero ¿qué sucede con las imágenes? En este terreno estamos como en el origen de la web, solo podemos ordenar en base a unos pocos elementos externos al propio contenido fácilmente manipulables como son el título y las etiquetas.

El reto será desarrollar tecnologías que sepan interpretar las imágenes para generar indexaciones útiles para los usuarios. No se intuye que sea una tarea fácil...

5. *Growth hacking*

Se trata de una tendencia a concebir el marketing en el entorno digital de un modo por completo diferente. El origen se encuentra en las campañas de ciertas *startups* en Silicon Valley que fueron capaces de darse a conocer de forma masiva sin tener que emplear grandes cantidades de dinero en medios pagados *(paid media)*. El caso más representativo está en el arranque de la conocidísima web de apartamentos vacacionales AirBnB.

Los responsables de marketing de esta compañía, en unos inicios complicados por falta de fondos para poderse dar a conocer de forma masiva, fueron capaces de *hackear* la conocida web de clasificados de la zona de San Francisco Craig List. Esta web no admite anuncios pagados de empresa. Se trata de una web orientada a los anuncios entre particulares pero que tiene una extraordinaria implantación en esta zona. Sin embargo, los responsables de AirBnB, fueron capaces de «engañar» a Craig List e incluir de forma masiva los anuncios de los pisos compartidos que estaban en la web. De este modo, consiguieron un arranque muy rápido y un conocimiento de lo que esta web podía hacer sin incurrir en costosísimas campañas de pago.

Desde entonces, son muchas las web que han recurrido a este tipo de técnicas donde se deben aunar las capacidades creativas, de negocio y técnicas para sacar el mejor partido posible de los medios digitales sin tener que recurrir a las campañas de pago. Cuestiones como: entender bien los continuos cambios en los algoritmos de Google o YouTube para conseguir el mejor posicionamiento, hacer lo mismo en las principales *App Stores* para conseguir grandes cantidades de descargas que permiten dar a conocer nuevas aplicaciones o conocer los trucos para conseguir una mayor repercusión orgánica de los contenidos que compartes en las redes sociales. Todas estas son acciones «no convencionales» dentro del marketing digital que estarían más en el ámbito de los medios ganados donde se deben aunar las capacidades técnicas a las habituales de comunicación y creatividad del marketing digital más convencional.

6. La brecha digital

Aunque cada día se cierra un poco más, todavía persiste y es probable que tarde unos años más en cerrarse. Denominamos brecha digital a la fuerte segmentación que existe en la población que todavía no está digitalizada. Observando el perfil sociodemográfico de los internautas, vemos que existen importantes colectivos de personas que todavía no utilizan de forma habitual estas nuevas tecnologías en su vida. Entre estos colectivos destacan las personas mayores, las clases sociales más desfavorecidas y los pertenecientes a entornos rurales.

A nivel internacional, los países con mayores penetraciones de internet son los más desarrollados. Esta situación agrava el problema de las desigualdades sociales tendiendo a perpetuarla. En casi todas las áreas geográficas con un mínimo de recursos se están desarrollando programas y actuaciones encaminadas a cerrar esta brecha. En los países desarrollados, el ritmo de crecimiento es muy alentador pero en los más pobres todavía queda muchísimo por hacer. Sin duda, la universalización del *smartphone* como fuente de acceso a la Red de grandes nuevos colectivos, que no tienen ni tendrán nunca un ordenador personal, ha dado un fuerte impulso para que la brecha se vaya cerrando pero el trabajo no está ni mucho menos terminado.

En España, el ritmo de desarrollo es más lento del que debería ser si nos comparamos con los principales países de la OCDE y de la Unión Europea con similares niveles de renta per cápita. A pesar de que se habla con recurrencia de la generación de nativos digitales como la solución al problema, no nos podemos permitir el lujo de esperar a que la brecha se cierre de forma natural debido a la evolución demográfica. El riesgo de exclusión social y económica de ciertos colectivos no digitalizados es grande y en el futuro será complicado competir como nación en una economía global digitalizada si no somos capaces de acercar el entorno digital a quienes hoy no lo tienen interiorizado en su vida. Las nuevas tecnologías dotan a las sociedades que las usan con intensidad de mayores niveles de productividad y bienestar, que se traduce en mayores niveles de desarrollo económico general.

A MODO DE RESUMEN

Cuando nos planteamos empezar a hacer marketing *online* debemos entender bien lo que estamos proponiendo al mercado. ¿Por qué los clientes preferirán gastar su valioso dinero en nuestros productos y/o servicios? Esta cuestión debe ser resuelta a través del desarrollo de una propuesta única de valor (USP) que nos diferencie como una buena opción ante el mercado. Este es el motivo porque el que nos comprarán y este es el eje, por tanto, de todo el proceso que sigue a continuación.

Antes de empezar a hacer ninguna acción de marketing *online* es necesario establecer de forma clara los objetivos que esperamos conseguir y lo que debemos hacer respondiendo a la pregunta ¿qué espero de mi campaña? Hay cinco posibles estrategias:

1. Conocimiento o refuerzo de la imagen de marca.
2. Visitas para conseguir una mayor implicación del usuario.
3. Generación de bases de datos o *leads*.
4. Captación de clientes reales.
5. Rentabilidad inmediata.

Las dos primeras corresponden a estrategias de *branding* y las tres últimas a *performance marketing* (marketing de resultados).

A continuación, deberemos definir nuestro público objetivo por medio de la segmentación, estableciendo el subconjunto de personas que tiene más probabilidad de estar dentro de nuestro cliente *target*. Debemos tratar de conocer bien a nuestros potenciales clientes más allá de los factores sociodemográficos obvios. Debemos entender lo que les motiva y lo que aborrecen para ser capaces de construir mensajes atractivos.

El siguiente paso es decidir qué herramientas debemos emplear y cómo tenemos que usarlas. No todas ni de cualquier manera se adaptan bien a todos los objetivos.

Una vez seleccionadas las herramientas debemos detallar y planificar cada una de las acciones que queremos ejecutar en el plan táctico, también conocido como plan de acción.

Del mismo modo, deberemos establecer qué métrica (o métricas) emplearemos para medir y comparar los resultados de las campañas que emprendamos. Así, estableceremos los KPIs que nos ayudarán a gestionar y optimizar nuestro trabajo a través del *dashboard* o cuadro integral de mandos. Aunque obtengamos todas las métricas posibles de todas las campañas, solo utilizaremos las que realmente nos ayudan en la toma de decisiones orientadas a la optimización.

Por último, es importante conocer las principales herramientas y metodologías de optimización y seguimiento de resultados, elementos imprescindibles en cualquier campaña *online*.

Lo cierto es que el marketing digital es como cualquier otra disciplina. Si nos empeñamos puede parecer algo complicado, reservado solo a unos pocos, los más jóvenes. En realidad no lo es. Se aprende, como todo, y si se practica se llega a tener un control profesional bueno. Nunca se domina del todo. Evoluciona de forma constante y nos sorprende cada día con nuevas herramientas, nuevas técnicas, nuevas formas de medir... Este es el escenario en que nos movemos y es igual para todos.

En todo caso, es importante tener una visión integrada global del proceso ya que, de este modo, es posible ir asimilando todos estos cambios constantes y evolucionando en la forma de implementar la estrategia en cada momento. Este ha sido el objetivo principal de este libro. Dotar al lector de una visión integral completa que le permita entender bien las características y posibilidades que nos brinda este nuevo y potentísimo canal de comunicación que está cambiando el mundo. Se trata de un primer paso imprescindible.

A nivel más personal, quiero animar al lector que se esté acercando por primera vez a este mundo y de igual forma a los que piensen que esta es una materia demasiado complicada para ellos. No lo es. Mi experiencia es que si se trabaja y se pone empeño, está al alcance en la práctica de todo el mundo. Eso sí, no es suficiente con la teoría, hay que practicar. Equivocarse y rectificar. Cometer errores y aprender de los mismos. Medir y corregir. Desde mi punto de vista, es un trabajo más de hormiguitas que de grandes genios.

¡Mucho ánimo!

EPÍLOGO

Internet ha cambiado totalmente el mundo del marketing. El mayor cambio es la forma en cómo nos relacionamos y comunicamos con nuestros clientes.

El marketing digital ofrece una gran cantidad de nuevas posibilidades para establecer modelos de relación entre las empresas y sus clientes mucho más dinámicos y potentes. La interactividad que nos brinda el medio digital abre nuevas formas de contactar, conocer, convencer y fidelizar a nuestros potenciales clientes hasta convertirlos en fieles, recurrentes e incluso, en embajadores de nuestra marca.

Todo este nuevo elenco de herramientas y posibilidades nos abre sin duda nuevas puertas y grandes oportunidades que unos están aprovechando mejor y otros están dejando pasar ajenos a lo que sucede. Esta revolución en la forma de hacer marketing, supone un gran reto para los profesionales del sector.

En mi trayectoria profesional, he tenido ocasión de coincidir con grandes profesionales que han comprendido el alcance de la oportunidad y han sabido aprovecharla, y han aprendido a utilizar todas las herramientas nuevas del marketing digital para vender más o crear nuevos negocios. También por desgracia me he cruzado con profesionales que no han sabido adaptarse al cambio, o no se atreven a afrontar la transformación digital con valentía. Por desgracia cuando quieren reaccionar suele ser tarde.

Precisamente este libro ayuda a entender en qué medida este nuevo ecosistema cambia las reglas del juego ya que el consumidor exige un modo de relación diferente. Comprender esto es el principal punto de partida del marketing digital. Sin embargo, uno no se puede quedar sólo ahí. El marketing digital requiere usar técnicas y metodologías muy diferentes, y estas deben ser correctamente comprendidas y ejecutadas para conseguir buenos resultados.

Hoy, la distinción entre un buen profesional del marketing de otro que no lo es, se hace muy evidente ya que el otro gran cambio que internet ha introducido en el mundo del marketing es que todo se puede probar y medir. Y las técnicas y metodologías del marketing digital se han de aprender y practicar.

El marketing digital que funciona nos obliga a cambiar casi todo en el proceso de diseñar y ejecutar una campaña de marketing: definir objetivos, establecer la estrategia y la propuesta de valor, encontrar y comprender al público objetivo, encontrar los mensajes adecuados para interesarle, seleccionar las herramientas más adecuadas para hacerles llegar los mensajes, y conseguir que se transformen en ventas.

No hay buen profesional de marketing digital hoy que no esté obsesionado por la medición de resultados, es decir, por las ventas al fin y al cabo.

Al final, el marketing digital pone al alcance de todos lo mejor del marketing directo de siempre. Es decir, unos canales de comunicación más eficientes e interactivos que crean un entorno donde se puede desarrollar una inversión publicitaria totalmente trazable hasta el final de la transacción.

El *performance marketing,* o el marketing de resultados, es la versión moderna del tradicional directo. Sin perder la esencia, en el ámbito digital podemos desarrollar con mejor control y capacidad de seguimiento acciones y campañas más eficaces y eficientes.

El libro ayuda a comprender todas las nuevas técnicas de marketing: SEO, SEM, redes sociales, publicidad programática, retargeting, etc. Nuevos conceptos detrás de los que hay un inmenso mundo de posibilidades de lograr nuestros objetivos comerciales y de creación de marcas.

La gran ventaja que tiene el marketing digital moderno es que ahora disponemos de medios y herramientas que nos permiten hacer un seguimiento en tiempo real de cada euro que invertimos. Ahora disponemos de medios y herramientas que nos permiten hacer un seguimiento en tiempo real de cada euro que invertimos. Y ese seguimiento nos da la posibilidad de reaccionar al instante y reconducir lo que no está cumpliendo nuestras expectativas o puede ser mejorado.

El libro de Nacho nos ayuda a comprender todo esto, de una forma muy práctica y con lenguaje sencillo y accesible para todos. Permite entender cómo utilizar el medio digital para hacer marketing efectivo, y da muchas claves prácticas ayudarte a ejecutar y optimizar tus campañas de marketing digital y sacar el máximo rendimiento a tu inversión.

Sin duda *Marketing Digital que funciona* es un libro de imprescindible lectura para quien quiera convertirse en un buen profesional del marketing de hoy y del futuro.

Elena Gómez del Pozuelo,
presidenta de Womenalia y fundadora
de Bebedeparis.com

NOTAS

Capítulo 1

1. Protocolo de comunicación digital sobre el que sustenta la red o internet.
2. Dirección web que permite localizar una página y navegar por internet.
3. Esto es una generalización y en muchos casos no es cierto. Pero me atrevo a incluir esta afirmación si tenemos en cuenta un término medio.
4. Inserción de una marca o producto en una película, serie o programa de televisión.
5. *Search Engine Optimization*: técnica que busca posicionarnos en las primeras posiciones de los resultados de búsqueda de los principales buscadores.

Capítulo 2

1. Plato tradicional de la cocina andaluza que consiste en una sopa fría de verduras. Siempre lleva tomate pero el resto de los ingredientes ni me atrevo a mencionarlos...
2. Kotler, P. y Keller, K. L. (2006), *Dirección de Marketing,* Pearson Educación, ISBN 970-26-0763-9.
3. Lambin, J.-J., (1995), *Marketing Estratégico,* Mc-Graw Hill.
4. *The Lean Startup: How Today's Entrepreneurs Use Continuous Innovation to Create Radically Successful Businesses*, Eric Ries.
5. En español, Indicadores claves de rendimiento. Lo cierto es que este concepto prácticamente siempre se denomina en el entorno profesional con el acrónimo KPIs (del inglés).

Capítulo 3

1. *La estrategia del océano azul: cómo crear en el mercado espacios no disputados en los que la competencia sea irrelevante*, W. Chan Kim y Renee Mauborgne, 2005.
2. *Estrategia competitiva: técnicas para el análisis de la empresa y sus competidores,* Michael E. Porter, 2009.
3. Levine, R. *et al.*, *El manifiesto ClueTrain,* Editorial Deusto, ISBN 9788423424085.

Capítulo 4

1. Proceso de construcción de una marca que consiste en estrategias encaminadas a darle valor y a que el cliente la identifique.
2. Rendimiento. Se busca un objetivo de negocio cuantificable de forma inmediata sacrificando a un segundo plano el proceso de construcción de marca.

3 Fase previa a la compra en la que el consumidor nos conoce y asocia nuestra marca a los valores deseados. Si lo hacemos bien se mostrará expectante ante las menciones hechas sobre el producto que le interesa.
4 *App*, de *Application* en inglés. Son aplicaciones cerradas y propietarias de la marca para dispositivos móviles.
5 Conocimiento de marca.

Capítulo 5

1 Mercado objetivo o destinatario idóneo de un producto o campaña.
2 Mercado objetivo o destinatario idóneo de un producto o campaña.

Capítulo 6

1 Visita, registro o compra generalmente.
2 El iceberg solo muestra por encima de la superficie una novena parte de su volumen total dando una falsa impresión a quien lo observa desde fuera.
3 https://es.wikipedia.org/wiki/Posicionamiento.
4 Llamada a la acción.

Capítulo 7

1 Del inglés, *Public Relationships*.

Capítulo 8

1 Del inglés, embudo.
2 Es habitual utilizar el término en inglés en el entorno profesional del marketing.

Capítulo 9

1 Páginas de aterrizaje, aunque es habitual utilizar el término en inglés en el entorno profesional del marketing digital.
2 Término en inglés equivalente a enlace.

Capítulo 10

1 Línea de tiempo. Los contenidos aparecen de manera secuencial.
2 Del inglés, difusión masiva. Permite llegar a mucha gente a la vez con el mismo mensaje.
3 Manifiesto Cluetrain. Lista de conclusiones para llamar a la acción a las empresas a la hora de buscar el impacto de internet en los mercados. www.cluetrain.com.

Capítulo 11

1 Amistosa para los buscadores.
2 Ratio de clics que permite medir la eficacia de una campaña. Se obtiene dividiendo el número de usuarios que pulsaron una pieza publicitaria por el número de impresiones mostradas de la misma.
3 *Pay per click*, pago por clic literalmente.

Capítulo 12

1 La generación de la información que puede llevar a concretar una venta.
2 Repartir los ingresos de nuestra actividad con el soporte como retribución variable por la publicidad.
3 https://www.casadellibro.com/afiliados/afiliados
4 Acción de marketing que, durante todo un día, copa toda la publicidad de un sitio web incluyendo cambios en el diseño habitual como alteración en los colores para adoptar los corporativos del anunciante y la inclusión de nuevos conte-

5. Puja en tiempo real. El precio de la publicidad se determina por oferta y demanda en tiempo real.
6. Enganche.
7. Pegagosidad.
8. Medios de comunicación masiva tradicional y principales soportes publicitarios como la televisión, la radio y la prensa escrita.
9. Medios publicitarios más alternativos como las relaciones públicas, el *product placement* o la publicidad de exteriores.

Capítulo 14

1. Tasa de abandono de clientes.
2. Boca a oreja.

Capítulo 15

1. La información de una base de datos está normalizada cuando está tabulada y, por tanto, se puede tratar de forma sencilla de forma masiva. Por ejemplo, si la provincia se introduce en una base de datos en forma de código (el usuario elige una de una lista), esa información está normalizada. En cambio, si la introduce en texto, la información está desnormalizada. Es mucho más difícil de tratar el segundo caso.
2. Asistentes virtuales con los que charlamos en lenguaje natural.

BIBLIOGRAFÍA

ANDERSON, C. (2006), *The Long Tail*, Hyperion.

DANS, E. (2010), *Todo va a cambiar*, Ediciones Deusto.

DANS, E., *El blog de Enrique Dans,* www.enriquedans.com.

DE HARO, G. (2007), *Lecciones de estrategia con El Padrino*, Pearson Prentice Hall.

ELÓSEGUI, T., *Blog de Tristán Elósegui*, https://tristanelosegui.com/.

KIM, C. W. y MAUBORGNE, R., (2005), *La estrategia del océano azul: cómo crear en el mercado espacios no disputados en los que la competencia sea irrelevante*.

KOTLER, P. y KELLER, K. L. (2006), *Dirección de Marketing,* Pearson Educación, ISBN 970-26-0763-9.

LAMBIN, J-J. (1995), *Marketing Estratégico,* Mc-Graw Hill.

LEVINE, R. *et al,* (2000), *The cluetrain manifesto*, Perseus Books, ISBN 0-7382-0431-5.

LIBEROS, E. *et al* (2011), *El libro del comercio electrónico*, Editorial ESIC.

MUÑOZ, G. y ELÓSEGUI, T. (2011), *El arte de medir*, Profit Editorial.

PORTER, M. E. (2009), *Estrategia competitiva: técnicas para el análisis de la empresa y sus competidores*.

Ries, E., *The Lean Startup: How Today's Entrepreneurs Use Continuous Innovation to Create Radically Successful Businesses.*

Somalo, I. (2011), *Todo lo que hay que saber de marketing online y comunicación digital,* Wolters Kluwer.

Somalo, I. (2017), *El comercio electrónico: una guía completa para gestionar la venta online,* Editorial ESIC.

Somalo, I., *El blog de Nacho Somalo,* www.nachosomalo.com.

marketingdirecto.com

medio LÍDER EN 2016!
según Comscore y OJD Interactiva

medio + LEÍDO
por los anunciantes españoles

@MKDirecto + de **351.000** followers

/MarketingDirecto + de **365.000** fans

@MKDirecto + de **6.000** followers

+ de **1.219.000** páginas vistas mensualmente*

+ de **816.000** usuarios únicos*

+ de **200** noticias semanales del sector

+ de **23.000** suscriptores

*Datos Google Analytics   **septiembre 2017**   auditados por OJD Interactiva

EVENTOS Y DESAYUNOS

+ de **80** desayunos de trabajo organizados

+ de **40** eventos propios desde 2011

+ de **400** ponentes nacionales e internacionales

24 años

nos queda mucho por hacer

- 1993 Madrid
- 2008 México DF y Monterrey
- 2010 Londres
- 2011 Nueva York y Buenos Aires
- 2012 Bogotá
- 2014 Shanghái y San Francisco